谁是超级APP

谢思佳
彭琳
著

南方日报出版社
NANFANG DAILY PRESS
中国·广州

图书在版编目（CIP）数据

谁是超级 APP / 谢思佳，彭琳著. -- 广州 ：南方日报出版社，2019.11

ISBN 978-7-5491-2037-6

Ⅰ. ①谁… Ⅱ. ①谢… ②彭… Ⅲ. ①网络营销Ⅳ. ①F713.365.2

中国版本图书馆 CIP 数据核字(2019)第 174733 号

SHUI SHI CHAOJI APP

谁是超级 APP

著　　者：谢思佳　彭琳
出版发行：南方日报出版社
地　　址：广州市广州大道中 289 号
出 版 人：周山丹
责任编辑：吴俊贤
封面设计：肖晓文
内文设计：易　界
责任技编：王　兰
责任校对：裴晓倩
经　　销：全国新华书店
印　　刷：广州市岭美文化科技有限公司
开　　本：889mm×1194mm　1/32
印　　张：8.75
字　　数：168 千字
版　　次：2019 年 11 月第 1 版
印　　次：2019 年 11 月第 1 次印刷
定　　价：58.00 元

投稿热线：（020）87360640　　读者热线：（020）87363865

发现印装质量问题，影响阅读，请与承印厂联系调换。

课 题 组

谢思佳　彭　琳　卢　轶　何勇荣
李　赫　王佳欣　陈　晓

·此课题由广东省青年文化英才项目资助·

序

超级App的故事，还将上演宏大的下半场

“从前的日色变得慢，车马邮件都慢，一生只够爱一个人。”作为70年代生人，我亲身经历过木心这首诗描绘的慢生活。因慢，它节奏舒缓，犹如在田园里唱着牧歌。

但如今，无论是在火车站、机场、商场，还是在公园、餐厅、电梯，举目四顾，你会发现人类已经变成低头一族。他们紧盯那小小的屏幕，看起来呆若木鸡，其实不然。他们十分忙碌，忙着在云端和整个世界交互，连卧室和床头也变成了办公室。很多人晚上睡觉前的最后一件事，是查看微信、交代工作，早晨起床的第一件事，就是伸手拿起手机，看微信，回微信，处理工作和交际。因为智能手机的普及，人们可以24小时不间断地交流和工作，人类开始被信息推着走、追着走，和信息赛跑。

今天回头看，所谓的慢生活，并不是被互联网摧毁的，准确地说，这种生活是在智能手机发明之后，伴随着移动应用（即App）的大面积普及而一去不复返的。

其实App的出现，可以追溯到最早的手机。1996年，我大学毕

业后购买的第一部手机上，就有通讯录、记事本、计算器、游戏等应用，还可以按WAP（无线应用协议）上网。严格地说，这些应用都是App。不同的是，这些应用都是开发者事先为手机配备的，用户选择有限，或者说无法选择自己想要的应用。这个时期的手机，真的就是工具，用完即放下，不会对它产生依赖，更不会上瘾。

真正意义上App的诞生，源于苹果公司。2008年7月1日，苹果的应用商店（App Store）上线。当天，苹果发布了552款应用，其中135款是免费的。一周之内，这些应用被下载了1000万次。

这开启了一个新的时代。一度，开发App就代表着开办一家新的公司，代表着可以吸纳风险投资。低廉的开发成本，快速的开发周期，可观的人口红利，“入局即胜利”一下子成为商业逻辑，App大军野蛮生长的序幕，从此拉开。

2008年，在苹果应用商店上发布的App总数仅以千计；到2010年，就有25万之多；到2014年，有125万。今天，苹果的应用商店已经有200万个App，安卓上有250万个App。

简单地做一个比较，我们就可以理解这种汹涌之势：全球每周上演100多部新电影，但却上线发布了15 000个新的App。

从此之后，在我们掌心之中的方寸屏幕之上，多了一个又一个的小方块，它们代表着新的App，它们闪烁着光芒，吸引我们安装、点击。从社交，到娱乐、电商、旅游……无论是吃穿用度、出行娱乐，还是眼前的苟且或者诗和远方，只要人们有需求，对应的App就会横空出世，App逐渐和我们生活的每一方面“血肉相连”。

所以说，真正改变了人类生活的，是App。

就App而言，中国和世界几乎同步。工信部的最新数据显示，

2018年我国市场上监测到的App总量高达449万款，而人均安装App总量为56款。因为庞大的人口和市场，中国的App也曾创造各种世界纪录。

2011年1月，腾讯的微信入场。上线433天，收获1亿用户；上线2年，用户变为3亿。七年之后，微信成为中国首个用户数量突破10亿的App。

这就是超级App，也可以理解为平台级的App。各种App之间，其实并无本质区别，区别在于用户是多还是少。用户多的App，就是超级App，就可能成为平台，承载更多和日常生活相关的功能。人们在超级App上花的时间和精力最多。

本书挑选了21款热门的超级App，记录了它们各自的成长进化史。我认为这些故事值得琢磨和关注。我们从中可以知道，流量是如何转化的，生态是如何搭建的，技术迭代的真正含义是什么，普惠和长尾的价值是如何实现的。

如果你是技术和商业的"小白"，本书也不妨读一读。它拨开了技术层面的枝蔓，也讲了主导App发展背后的精神和价值。我们可以看到，任何一个超级App的背后，必有超然之精神，那就是开发者、推广者矢志不渝的让人类生活更美好的理念。这些美好理念汇聚而成黄钟大吕。

在App发展的历史长河中，我还相信，那些真正有助于光大人类优异品质的App，将会来去自如，倾倒众生。那些想走偏门甚至有违法犯罪的App，最终会被阻挡、驱逐和淘汰。

最后，我想强调的是，超级App的故事，并没有完。我们今天已经见证的，仅仅是上半场，下半场的大幕才刚刚拉开。你可能会有疑问：App已经数不胜数，多得用不完，何出此言？那是因为万物联网的新时代正在到来。我们已经见证的，是手机App的疯狂增长，未来的App，将会在各类传感器上快速扩张。每一个物理实体上，都可能配有一个传感器，而每一个传感器之上，都必须有一个App来装载、处理、传输它源源不断采集到的新数据。

农业时代的人类相信，万物皆有灵。今天的新事实是，万事万物皆有App。我们也可以认为，万事万物在数据空间里的灵，就是由App赋予的。

所见一切，皆为序幕。我们是如此幸运的一代人。

涂子沛

2019年8月23日　星期五

作者系《大数据》作者、数文明（广东）科技有限公司CEO

目录

谁是超级APP

Contents

C o n t e n t s

C o n t e n t s

什么是超级 App？

——评判的四个关键词：技术、运营、移动、流量

什么是超级App？有没有关键的评判标准？经过与多位业界重量级“大咖”深入探讨后，我们发现，在他们眼中，技术、运营、移动、流量这四个关键词被提及的频率最高。

对于现代公司来说，“技术”当仁不让成为重中之重。多位业界人士认为，正是因为技术的不断发展，超级App才能不断更新迭代，为用户提供更好的使用体验。有人说，比起PC（个人计算机）时代单纯依靠电子信息和互联网技术，超级App掌握了更为先进的

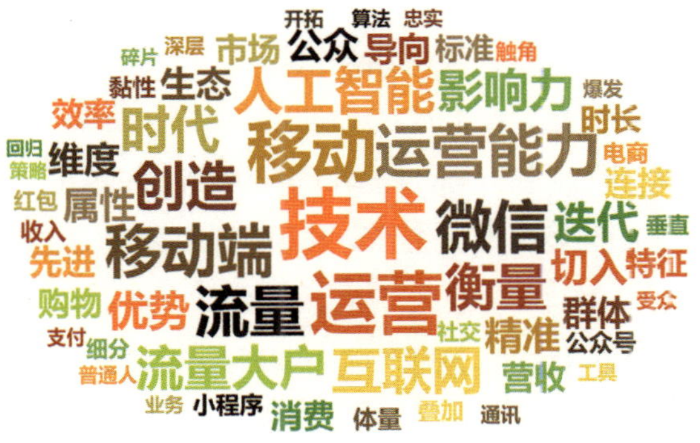

数据来源：本书受访者采访实录

超级App有哪些特征？

技术，超级App的诞生、爆发和迭代都根植于先进的“云物移大智”（云计算、物联网、移动互联网、大数据、人工智能）技术。有受访者说，技术的迭代能力应该成为判断超级App的第三个标准。有受访者更是谈到，超级App通过技术更好地服务于人，让每个普通人因为人工智能的发展而更好地跟世界连接。

除了技术这一最为基础的内容，“强运营”也是超级App的特质。随着社会的发展，用户掌握越来越多的选择权，开始由被动接受转为主动选择。高效的运营是扩大用户规模的保证，也是超级App开发团队增强用户黏性的必然选择。有受访者一针见血地指出，超级App必须拥有精准的运营策略和强大的运营能力。有受访者认为，在运营超级App的时候，需要创造出与其特定的用户的深层连接，拥有精准地将传播影响力的触角深入到其固有区域的忠实受众群体的能力，这样才能形成高度稳定的用户黏性。也有受访者说，运营超级App必须有温度、有价值，为用户提供服务，让用户得到满足。

目前，我们正处于移动互联网时代，手机改变了人们的生活，也成为人们的生活本身。移动端成为关注的重点，而超级App便是诞生于这个时代的产物。如何理解“移动”的丰富内涵？有受访者认为，无论是用户量、技术水平还是运营能力，超级App都比PC时代的“流量大户”更胜一筹。随着5G的到来，移动端用户的数量只会越来越多，如何更好地抓住移动端用户的注意力就成了一个重要的问题。

移动互联网时代，“流量”成为衡量App规模、热度和影响力的重要标准。有受访者说，判断一个超级App需要看它的用户规模，以及其是否在切入的市场领域具有一定的垄断优势或绝对领先优势；也有受访者认为，超级App必须拥有规模巨大的用户和日活量，相较于PC互联网来说，要实现用户数在量级上的大幅跃升。有的提出，提高用户的留存转化成了超级App的核心。对于“流量”如何更好地“变现”，有人给出了进一步解释：为获得较大的用户流量，与用户群体建立良好关系尤为重要。

高技术、强运营、可移动、大流量，从这四个高频词语，我们可以看到，当前超级App已经形成一套明显区别于PC端的发展模式，即运用技术为移动端用户提供良好的服务，从而获得足够大的用户规模和高度稳定的用户体系。

App在发展初期往往基于简单的垂直功能获得一定用户规模，之后再在平台上衍生、叠加出各种细分的业务和功能。比如，始于社交通信工具的微信，在用户体量达到一定规模后，不断衍生出更多的功能来满足用户的需要。从App走向超级App，关键在于如何在增加用户规模的同时，深入其固有区域的忠实受众群体，形成高度稳定的用户黏性。业界人士认为，为了达成这一目标，需要不断发展人工智能等新兴技术，挖掘用户的需求以及采取更吸引用户的运营方式。

超级 App 大数据盘点

一、从月活数据看App发展

图1　商业类App月活对比

从图1中可以看到，目前月活超过10亿的App只有微信一个，微信是集社交、资讯和支付三大应用场景于一体的名副其实的超级App；月活用户处于5亿—10亿的App有QQ、抖音和支付宝，其中抖音是发展很迅速的一款App，2016年9月才上线；月活用户处于3亿左右的App有微博、快手、今日头条、拼多多、美团、豆瓣、美图秀秀、B站、爱奇艺和虎牙，这一区域很多是垂直类的应用场景

App，比如社交、咨讯、电商、视频等；月活用户在1亿以下的有知乎、荔枝、Airbnb爱彼迎、小猪短租、A站等，可以看出，这类App更偏于垂直领域，如知乎专注于知识共享。

抖音

- 2019年6月月活跃用户数：4.86亿（数据来源：QuestMobile《2019中国移动互联网半年大报告》）

快手

- 2019年6月月活跃用户数：3.41亿（数据来源：QuestMobile《2019中国移动互联网半年大报告》）

豆瓣

- 2019年6月月度独立设备数：703万台（数据来源：艾瑞指数）

拼多多

- 2019年第二季度移动端平均月活用户：3.66亿（数据来源：拼多多2019年第二季度财报）
- 2019年6月月度独立设备数：33 463万台
- 2019年6月用户规模：34 010万

微信及WeChat

- 合并月活跃账户：11.33亿（数据来源：腾讯2019第二季度财报）

支付宝

- 2019年6月月度独立设备数：59 601万台
- 2019年6月活跃用户规模：64 551万（数据来源：艾瑞指数）

小红书

- 2019年1月注册用户数量破2亿（数据来源：小红书官网）

知乎

- 2019年6月月度独立设备数：4881万台（数据来源：艾瑞指数）

微博

- 2019年6月的月活跃用户数为4.86亿，其中94%为移动端用户
- 2019年6月平均日活跃用户数为2.11亿，较上年同期净增约2100万（数据来源：微博2019年第二季度财报）

QQ

- 月活跃账户数：8.079亿
- 月智能终端活跃账户：7.07亿（数据来源：腾讯2019年第二季度财报）

美团点评

- 年度交易用户总数：4.004亿
- 年度活跃商家总数：580万（数据来源：美团点评2018年度报告）

B站

- 2018年第四季度平均月活：0.928亿（数据来源：哔哩哔哩2018年年报）

虎牙直播

- 2019年第一季度平均月活跃用户数：1.238亿
- 2019年第一季度移动端月活跃用户数：5390万（数据来源：虎牙官方数据）

美图秀秀

- 美图秀秀2019年6月月度独立设备数：12 034万台（数据来源：艾瑞指数）

Airbnb爱彼迎

- 截至2019年8月，覆盖范围达全球超过191个国家和地区的10万城市
- 房源数量：600多万套
- 用户数量：5亿多的住客（数据来源：Airbnb爱彼迎官方数据）

小猪短租

· 截至2018年12月，小猪短租全球房源数量已突破50万套，覆盖五大洲60个国家和地区超过710座城市（数据来源：2018小猪短租年终数据报告）

今日头条

· 2019年6月月活跃用户数：25 859万（数据来源：QuestMobile《2019中国移动互联网半年大报告》）

荔枝

· 截至2018年末，荔枝已拥有超过2.5亿全球注册用户，4500万月活跃用户，500万月活跃主播（数据来源：荔枝官网官方网站）

爱奇艺

· 2019年6月月活跃用户数：5.56亿（数据来源：QuestMobile《2019中国移动互联网半年大报告》）

二、App的迭代周期分析

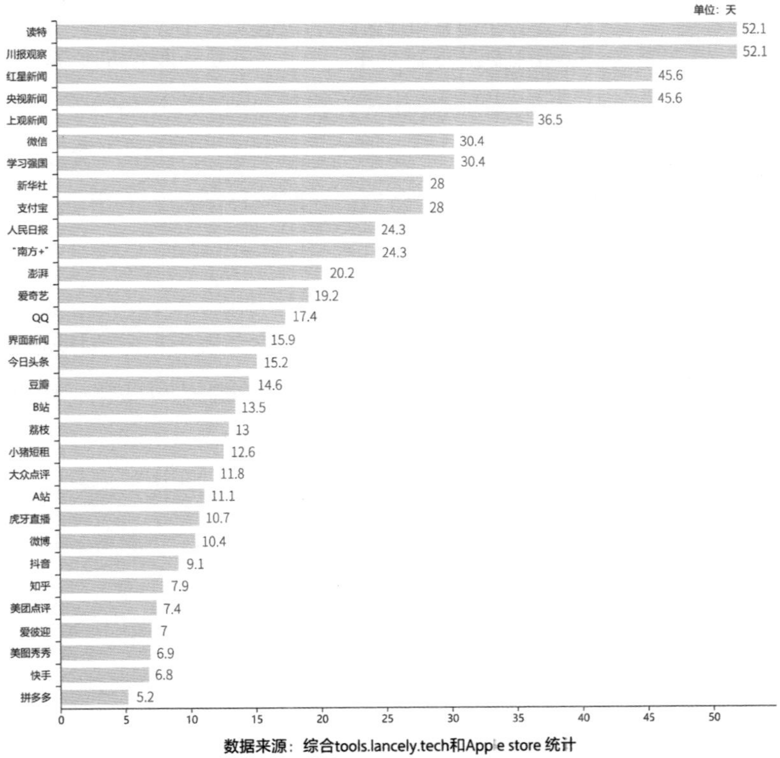

图2　国内主要App平均迭代一次的周期（2018年6月—2019年6月）

交互式App迭代频率更快

从各App平均迭代一次的数据来看（见图2），读特、川报观察的App平均迭代周期最长，达到52.1天。澎湃、“南方+”、人民日报等官方媒体平台的更新迭代周期保持在20天左右。而抖音、快手、知乎等娱乐定位的App平均迭代周期甚至可以达到11天。App的迭代，更多是在平台定位、竞争与创新的要求推动下进行的。

在如今互联网的快速发展之下，App开发不断增加。App的迭代就与平台的生命周期息息相关。在激烈的市场竞争之下，App高质量地迭代，不断满足用户新需求，及时解决平台出现的各种漏洞，维持产品的活力，在竞争激烈的互联网移动App的市场上占有一席之地。

App的定位不同，迭代周期的表现就不同。

央视新闻、学习强国和新华社等App平台属于官方资讯媒体平台，是中国新闻媒体的导向，目的是为了传播国内外资讯，提供信息，此类App的迭代周期一般较长。

对于豆瓣、知乎、B站这类社交App来说，迭代是保持产品活力的重要方式。从数据来看，此类App的迭代周期一般都会稳定在两周左右。

App的产品迭代，不是片面地以周期长短判断优劣。由该App产品所处的发展阶段、产品定位等产生的技术要求，都会影响App的迭代周期。

成长期的App须加速迭代

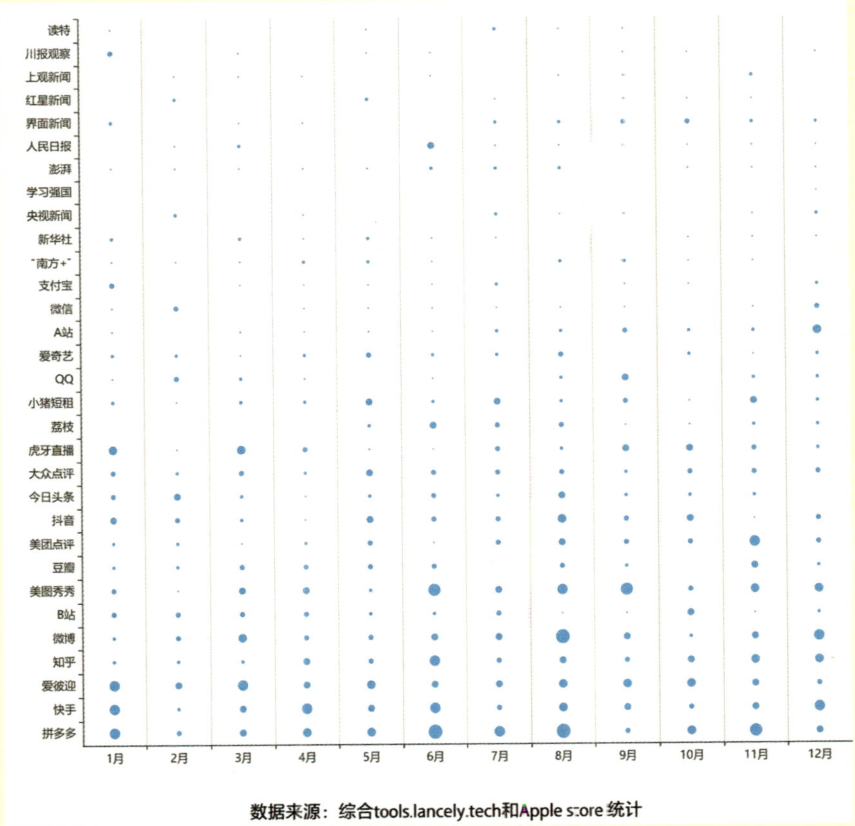

图3　2018年各App每月迭代次数

App的迭代周期与其产品所处的发展阶段和公司发展情况有密切的关系。从产品所处的阶段来看，处于引入期、成长期的App迭代周期短，这是因为处于这一阶段的App需要不断调整早期出现的技术漏洞，应对逐渐增长的访问量与数据储存，根据市场反馈进行修整，并提高安全等级。而对于已经进入成熟期的App来说，其具有较为稳定的系统、经营目标以及一定的用户，迭代更新的周期就会相对短一些。比如抖音、快手等正在快速发展的短视频平台，就需要根据短视频市场客户需求的变化，及时增加功能，不断调整软件内的各元素，以维持产品热度，在激烈的互联网竞争环境中生存。

数据显示，拼多多在2018年6月至2019年6月的迭代周期平均保持在5.2天，平均一年更新70次。其中，2018年更新了41次，2019年也已经迭代了29次。作为一款以社交方式刺激需求的电商平台，拼多多的发展机会和发展问题是并存的，比如电商平台的激烈竞争、移动社交开辟的广阔市场与技术要求等。因此，不断增长的用户访问量也意味着，拼多多要从App内部的界面优化、频道设置、营销推广等方面不断地更新迭代，以维持产品活力。同时，还需要根据不同的专题活动进行内部的策划与调整，甚至需要面对与微信、小程序等外部平台的联动，这对于拼多多的后台力量要求也将更为苛刻。从其几乎平均每周一次的迭代频率来看，高频度的更新也是其不断发展调整的表现。

三、超级App中的界面设计分析

1. 社交类：微博、微信、QQ

微博界面

微信界面

QQ界面

从功能上看，随着新功能的导入（语音信息、摇一摇、朋友圈、订阅号、游戏），微信从一个即时通信应用程序，逐步发展成一个综合性移动社交平台。而微博一直以“内容+社交”为主打，倾斜垂直细分领域的“大V”，形成以用户自身选择为主要形式的社交圈；QQ的娱乐功能相对较多，偏向大杂烩，各种娱乐与社交功能齐全。

从界面设计来看，微博改版之后，将消息发布按钮移到了App的右上角，而原先微博底部的四大栏目被拆分为五大栏目。另外，新版微博将视频板块单独划分出来，直接提到一级界面并且放在了底部第二个按钮的位置，可以看出微博对于视频业务的重新定位。

不过，改版之后，用户体验的反馈并不算好，有网友怒气冲天地表示："改关键按钮布局除了让人不爽之外还能带来什么？想带视频流量有的是办法，按钮插位置有的是办法，为什么非要选最令人不适的一种？"

相比之下，微信的界面设计则令人满意得多。QQ和微信的二级标签都是30个，但微信层级深度深很多，用户如果不主动键入，很难知晓相关程序的存在。相比较之下，QQ的小程序繁多，有公众号、活动消息、空间、主题、会员特权等复杂功能，这些程序常出现在显眼的位置，给人一种眼花缭乱之感，对用户使用感的影响较大；而微信的整体界面设计偏简洁，将程序展现的主导权从程序自身转移到用户上，用户体验感较纯粹，无其他元素的干扰。

2. 工具和社区类：支付宝、小红书、美图秀秀、知乎

支付宝界面

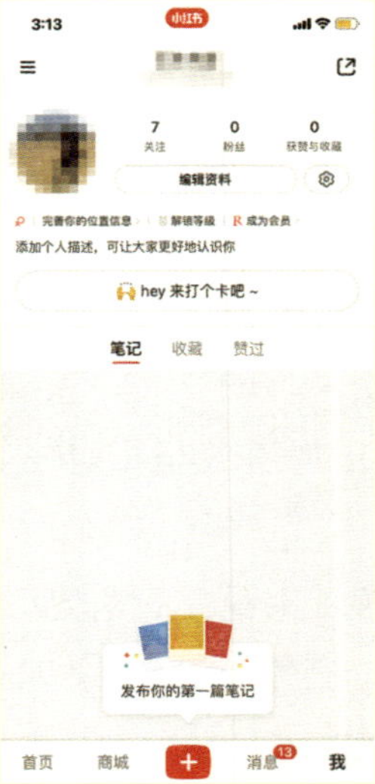

小红书界面

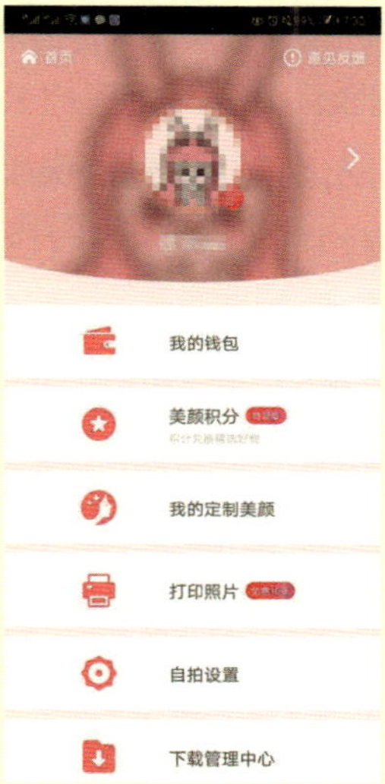

美图秀秀界面

知乎界面

从功能上看，支付宝的产品定位是致力于为广大用户提供简单、安全、快速的支付解决方案。近年来，随着指纹验证、刷脸支付等生物支付技术的推广和普及，即使是老年人，也可以在生活的各种场景里使用支付宝支付，让千千万万人成为技术的受惠者。

美图秀秀的功能思路与支付宝相似，落脚点放在了“美图技术”上。无需繁复的操作，动动手指就可美颜，这让美图秀秀成为“国民P图软件”。

小红书主打的功能形式则与支付宝和美图的“技术服务型”有所不同。小红书是一个PCG（平台与内容事业群）社区型的种草平台，用户在平台上分享购买体验，用户间自发连接，形成社区。

知乎的功能与小红书相似。同样是分享，知乎的覆盖面更广，囊括多个领域，“提问—回答”的交互设计让“知识”不仅仅局限于某个文字限定的框架内。

界面设计方面，支付宝的界面汇集了阿里巴巴公司的众多平台和功能，譬如“余额宝”“芝麻信用”“蚂蚁保险”等，是阿里巴巴金融微贷服务的“集大成者”。从整个支付宝App的布局来看，底部采用五个Tab（选项卡式）导航，分别是“首页”“财富”“口碑”“朋友”“我的”。当处于相应界面时，底部导航会变成支付宝的品牌“蓝”。在“我的”这一界面，从整体看，总共被划分为了四个板块，从上至下分别是基础应用区、扩展应用区、其他应用区和导航栏。整个页面布局清晰，以块状来划分层次，可扩展性较强。

小红书的底部导航栏内容分别为“点赞”“评论”“收藏”“可购买商品”。其中“点赞”以爱心的图标表示，“评论”则需要点击才能显示出来，这就避免了为显示评论而导致篇幅过长影响美观的情况，“收藏”图标可以让用户收藏这篇笔记，而“可购买商品”则是针对笔记中所涉及的商品进行购买推荐。

美图秀秀经过改版后，首页一半的入口给到了社区内容，并且设置了明显的下滑提醒。底部的导航栏分别为“首页”“消息”“私人相册”“我”，而美图最核心的产品即“美颜功能”，仍然以最显眼的图标放在底部导航栏最中心的位置。

知乎的用户界面设计体现出知乎“知识付费”的走向，几乎半个版面都与知识付费有关。而个人的浏览记录、关注人群则以二级标签的方式安排在界面上方。界面下方链接了“视频回答”“想法”等平台。

3. 短视频类：快手、抖音

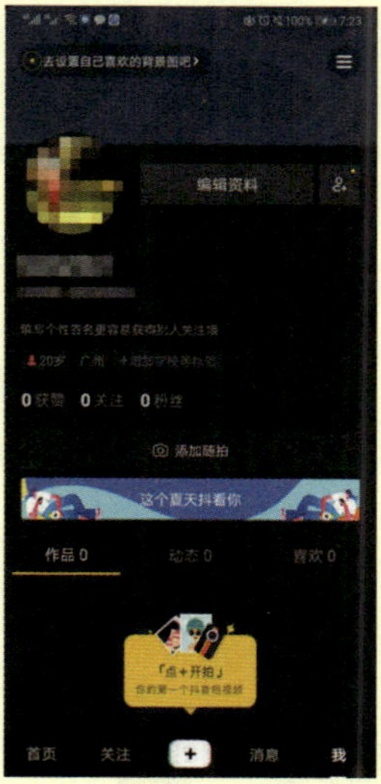

抖音界面

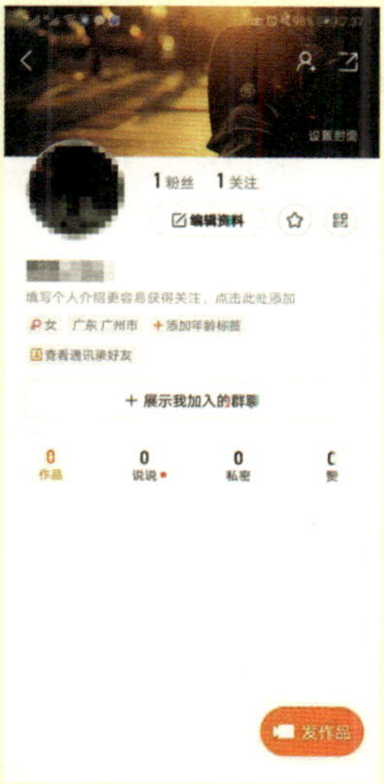

快手界面

从功能上来看，快手和抖音皆为国内短视频发布的人气平台。有所不同的是，快手坚持“用户平等”，流量不向头部“大V”倾斜，每个人在快手上的视频经审核后发布，均有流量兼顾；而抖音则偏向于扶植网红、邀请明星，以名人效应吸引用户，获取用户黏性。

抖音的用户界面偏向社交，底部导航栏分别为“首页”“关注”“消息”“我”，发布信息的按钮位于界面正中央，用户已发布的作品和动态信息占屏幕的主要部分，整体上以内容为主。“钱包”“订单”“卡券”等小程序则以二级标签的形式安插在界面的右上角。

在播放界面中，“快速关注”“赞美”“评论”“分享”“旋转音乐CD”和其他按钮垂直排列在播放界面的右侧。按钮较大，占据显眼位置，不难看出抖音鼓励社交分享的意图。整体界面的色调黑色为主，带有时尚的视觉效果，符合抖音目标用户的审美。

快手的用户界面设计与抖音相差无几，同样是以用户内容为主，发布视频的按键以非常显眼的图形安排在界面的底部，有所不同的是，缺少了“首页”“关注”“信息”“我”等栏目，体现出快手不向网红和明星倾斜，尊重“用户平等”，营造平等环境的理念。此外，快手的用户界面并不存在于头部的导航栏中，而是需要通过点击左上角的图标进入二级、三级界面。

4. 旅游出行类：Airbnb爱彼迎、小猪短租

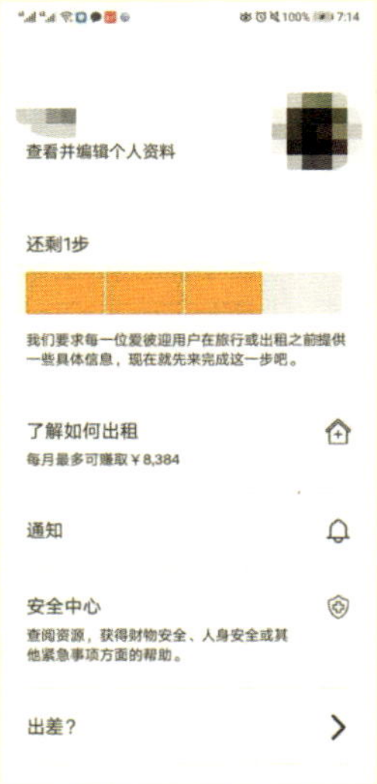

Airbnb爱彼迎界面

小猪短租界面

Airbnb爱彼迎用户界面的特点是“服务型”。“了解如何出租”“通知”“订单”“安全中心”“行程”均为二级标签，整体设计较简洁。底部设计了“搜索”“心愿单”“故事”“收件箱”“我”五个栏目，体现出服务之外搭建分享平台的用户理念。

小猪短租的设计在功能指向上与Airbnb爱彼迎相似，均以服务为主，呈竖向设计。功能方面多了“免押入住”“先住后付”“商旅认证”三个板块，在服务上更加细节具体，客服联系渠道更加便捷。

第一章

快与慢

发展节奏如何影响 App

抖音：上线两年月活用户超 5 亿，
新任“时间杀手”如何练成？

快手：宿华说这是一家慢公司，
正确的价值观才能用好算法

豆瓣：十年之痒，
文艺青年的精神角落走到商业化的拐点了吗？

拼多多：三年完成上市，
电商“黑马”如何突出重围？

中山大学传播与设计学院院长张志安：
智能算法和人机交互技术为短视频腾飞赋能

抖音：
上线两年月活用户超5亿，
新任“时间杀手”如何练成？

关键词　时间杀手　沉迷　爆炸式增长　“头腾大战”

引　子

“两微一端”之外，抖音开始成为新的“时间杀手”。从2018年开始，在中国，你随处可见一位年轻人目不转睛地滑动着抖音短视频，甚至有用户表示，“本想刷一刷就睡觉，结果不知不觉就天亮了”。

与此同时，2018年中国互联网界最大的一场“时间争夺战”随之上演。2018年3月，有用户反映微信朋友圈无法转发抖音视频，“头腾大战”正式开始。这场以数亿用户时间为争夺筹码的“战争”，其激烈程度不亚于八年前的“3Q大战”（360与腾讯之争）。

面对腾讯、快手等短视频领域的巨头，如果要把抖音称作短视频领域的超级App，我们就不能只关注它庞大的用户数和超高的流量，还需要看到其崛起速度。

官方数据显示，截至2018年底，短短两年的时间，抖音全球月活跃用户数就已超过5亿，国内日活达到1.5亿，月活达到3亿。即使质疑的声音不绝于耳，但抖音已经是互联网上不可忽视的流量平台。

为什么会沉迷抖音?

在“刷抖音”成为日常消遣不可或缺的一环背后，我们本能地希望去挖掘出抖音成功的秘诀。相信每一个抖音的深度用户都会有一个疑问，那就是：我们为什么会沉迷抖音？要回答这个问题，我们就要看看抖音在产品设计上的“心机”。

2016年9月，A.me在App Store正式上线，并于同年12月正式更名为抖音。在产品诞生之初，抖音的定位就非常垂直、明确，即做一款针对年轻人的潮流音乐短视频社交App。“潮酷”“音乐”“短”成为抖音初期产品的主基调。

不过，抖音独到的竖屏、全屏的沉浸式屏幕设计，才是抖音作为“后起之秀”进入短视频赛道的一张王牌。因为它给用户带来了全新的体验——沉浸式的屏幕以及下滑即可切换的便捷操作。在这里，屏幕直接把手机顶部包括时间在内的信息全部屏蔽，以让用户使用抖音时免受打扰。

此外，在其他App上观看短视频，用户需要“点击观看—退出—再点击观看下一个内容”，而抖音下滑切换短视频的设置，尽可能地将用户的“自主权”拿掉，直接播放算法推荐的内容，用户只须享受抖音安排的这场“短视频盛宴”。基于以上两个巧妙的设置，抖音便可以实现“反客为主”，进而“掌控”用户的时间。

抖音创作者大会现场

而从工具层面来说，模块化的操作流程解决了精美视频拍摄难的问题，降低了用户的表达成本。从心理上来说，滤镜、贴纸等工具的开发，最大程度弱化了用户的“缺点”，使每一位用户都可以轻松地将自己的生活拍出精美、潮流的效果。在这一层面，音乐显得尤为重要。用户使用抖音，第一步就是要选择音乐。好听的音乐能够快速地吸引用户，15秒简单烧脑的音乐也使得内容变得极易扩散，甚至可以达到“病毒性”的传播效果。

教科书式的强大运营

在当今的互联网时代，可谓“酒香也怕巷子深”，产品的运营推广是拉动增长、维持活跃的必要手段，抖音也不例外。

从产品初期来看，抖音并没有做过多的运营。一直到2017年的3月，岳云鹏转发了一条微博，微博下面带着抖音App的LOGO

（标识），抖音从那时起才有了“火”的迹象，我们也才开始看到抖音的运营策略。

首先来看，抖音在此时迅速抓住了明星效应，顺势造势。例如之后的2017年4月，胡彦斌携新单曲《没有选择》空降抖音；7月，鹿晗新歌《零界点》登陆抖音等。利用明星属性，抖音快速带动了一批粉丝用户的增长，并且提升了品牌的知名度。

在此后抖音的成长路途中，教科书式的强大运营方式内外兼施，且环环相扣。整体来看，抖音对内运营的重点在于开发内容和提高活跃度，让用户喜欢产品并形成口碑传播；对外运营的重点则在于传播和转化，以获得新用户和进行品牌塑造。

对内运营方面，抖音对不同层级的用户采用了不同的运营策略进行重点维护，主要体现为邀请明星助阵，邀请和挖掘外部网红（微博红人等），培育内部潜力网红，以及加强普通用户的体验。而结合对用户的运营，话题的设置则在产品运营初期大大增强了用户黏性，也吸引了不少新用户。

抖音官方发起的挑战话题，大多都是时下火热的网络话题，像“大吉大利，晚上吃鸡”“走心手势舞”等。同时，抖音团队还会积极地与用户进行沟通。例如与抖音的网红达人探讨研究新的玩法，以及直接用流量倾斜的红利，吸引和挖掘有潜力成为红人的新用户加入话题活动。

对外运营方面，与“日常软文+硬广”的传统推广策略不同，抖音更专注于自己领域的垂直渠道传播，其策划与参与的营销案例具有爆发性效果的特点。如抖音的自制H5（超文本标语言修订版5）《世界名画动动动起来了》，线下活动“抖音iDOU夜”，以及与《中国有嘻哈》的合作等，都堪称产品运营的经典。

“一路狂奔”过后如何持续增长？

相对于竞品快手的八年成长历程，抖音这一年多以来的表现可谓是在短视频的赛道上“一路狂奔”。

除了用户和流量在短时间内呈爆炸式增长，抖音的商业化进程同样很快。2017年9月，距离岳云鹏的那条微博仅仅过去半年，用户第一次在抖音里遇到了信息流广告——抖音与Airbnb爱彼迎、哈啤和雪佛兰合作的三支短视频广告，这一形式成为抖音商业化的主要发力点。当时，抖音日均VV（视频播放量）就已经超过10亿，这让抖音的商业化路程看起来是一件非常自然的事情。

时至今日，除了信息流广告外，抖音开始尝试的营销合作越来越多样，包括贴纸合作、红人合作、MCN（一种多频道网络的产品形态）、直播、电商、定制挑战赛等。在外界看来，抖音对于自己的商业化进程是完全不设限的。

而在“一路狂奔”过后，想要继续开足马力奔跑，抖音需要面对的是自身的不足，以及短视频赛道上的变化与阻碍。

对于抖音来说，过去那些利于快速复制和传播的内容如今显得有些千篇一律，如何保证更多元的内容，以及吸引年轻人以外更多的用户群体，是抖音必须面对的难题。

此外，随着爆炸式的增长，抖音正在遭遇着和今日头条同样的麻烦——平台自身的治理压力。

一项官方公告显示，2018年6月1日至30日，仅一个月时间，抖音平台累计清理了27 578条视频、9415个音频、235个挑战，永久封禁33 146个账号。从这组数据，除了可以看出抖音的治理力度，侧面也反映出其安全压力。

在短视频这条赛道上，抖音虽说是一匹黑马，但也是从“乱世”之中冲出的。目前，腾讯、阿里巴巴、微博、美图秀秀等巨头纷纷加码对短视频业务的布局。在这期间，腾讯不仅投资了短视频领域的老大——快手，还复活了微视，从前段时间的“头腾大战”来看，腾讯已经和抖音展开正面交锋。抖音未来的超级App之路，可谓是道阻且长。

Q & A
对话实录

“爆炸式”用户增长背后：拍摄方式尽量简化

作者：抖音大概在两年前开始计划短视频，团队内部当时是怎样讨论的？

抖音：西瓜视频是2016年上线的，抖音其实那个时候也想做，但是那时人力不够。后续人力跟上之后，2016年9月抖音的第一个版本上线。与西瓜视频相比，抖音产品形态不一样。抖音更偏向于UGC（用户生成内容），偏向用户自主传播。

作者：抖音的竖屏、全屏这种沉浸式的屏幕设计，相对快手等其他短视频产品来说是比较独特的，抖音团队在设计产品雏形的时候是如何讨论的？

抖音：我们公司做产品都是在现有的业绩水平基础上去做一些突破性创新的，而不是因为快手是这样的设计，我们也去做同样的设计，这种事情我们不会去做。我们是觉得竖屏短视频的屏幕设计效果可能会更好，之前业界也没有太多人做过。

作者：从运营角度来看，目前我们邀请入驻的用户主要有哪些？

抖音：我们邀请的入驻用户主要分为两部分：一部分是优质内容创作者，另一部分就是MCN，但过去MCN生产的内容可能是横屏的，我们觉得他们有能力做竖屏去适配这些内容，所以我们之前一直有沟通合作。另外还有一种就是传统机构，覆盖范围比较广，比如政府、文化机构等，此前他们没有意识到自己有这个能力，其实他们拍出的内容也是比较受欢迎的。

作者：抖音目前与政府机构的合作是怎样的？

抖音：与政府的合作目前比较顺利，内容占比的话，政务号在1%左右，是相对比较多的。例如与西安合作做一些内容的生产，我们会先与他们沟通，比如关于兵马俑可能会有优质内容的产出，然后再具体沟通怎么拍会更受欢迎。另外像政务号这块有特殊策略，类似于政府部门、博物馆等相对有公共属性的一些机构，在流量上会有倾斜。

作者：抖音用短短三年时间就获得了大量用户，也有人说抖音是国民短视频App。您觉得最重要的成功因素是什么？

抖音：做一个短视频产品，首先要在工具层面入手。我们做了很多尝试，比如贴纸、特效、滤镜等，并且拍摄方式上尽量简化，只有用最简要的方式能拍出好东西，这样用户才会愿意使用来拍。其次，音乐很重要。对于抖音来说是音乐去引导视频内容，或者说视频的灵魂在于音乐。还有就是算法，一方面是你的内容发出去有人看，你才有动力继续创作，另一方面是你可以看到喜欢的内容。

作者：抖音在短时间内发展如此之快，您觉得在这过程中遇到的最大挑战是什么？

抖音：我们觉得现阶段最重要的是，平台越大，安全压力越大，要求越高。首先我们需要保证优质的内容可以安全传播出去，另外就是优化产品机制，让用户生产的优质内容被更多人看到。

作者：外界对抖音和今日头条的算法有一些质疑，算法推荐和App内在价值观之间的关系，您是怎么看的？

抖音：我们认为，如果产品有公共属性的话，都要有价值观。不能违法违规是底线，再往上就是公序良俗，比如没有违法违规但不遵守公序良俗也会不推荐。这些都是用人工智能的机器模型算法去处理，我们会有很多模型，比如识别吃播的内容、生活小技巧的内容等的算法模型。如果一些内容符合这个模型，后台就会提示，人工看到这个问题后就会直接处理，或者再重新确认是否存在这个问题。如果是没问题的，就进入下一道审核程序。

/ 侧记 /

去采访抖音那天，刚好碰到他们的午饭时间，整栋今日头条大楼的员工瞬间挤满了整个餐厅，各个不同的取餐区通通排着长龙，场面颇为壮观。

“看来这里是中央厨房。”眼前的景象不禁让人暗自联想，这似乎与抖音、与今日头条的架构颇有渊源。在今日头条，抖音自身没有独立的团队，其业务板块分散在整个今日头条内部。例如抖音的算法，就由整个今日头条算法部门支撑。

这座大楼里没有按业务线划分的事业部，只有三个核心职能部门：技术、User growth（用户增长）和商业化，分别负责留存、拉新和变现，并深度参与到每一个App中去。在这样的背景下，如果你问头条系到底有多少个App，恐怕这餐厅里正在吃饭的大多数员工都不清楚具体数字。可以说，抖音是一款成功的App，但在头条内部，它成功的路径却有很多，这也是外界最想要得知的一个秘密。

快手：
宿华说这是一家慢公司，正确的价值观才能用好算法

关键词 短视频 算法 老铁带货 刻板印象

引 子

直播吃灯泡，生吞面包虫，用鞭炮炸裤裆……2016年，一篇名为《残酷底层物语：一个视频软件的中国农村》的文章刷爆朋友圈，差异化的视角、猎奇的内容让这个拥有庞大体量的短视频App——快手首次大范围进入社会主流的视野。

“乡村”“低俗”“low（低级）”，一时间，深陷舆论场中心的快手被打上了难以摆脱的标签。2017年底，劲敌抖音的横空出世，更是让短视频赛道燃起阵阵硝烟。记录生活还是杀死时间？普惠逻辑还是头部倾斜？

尽管快手创始人兼CEO宿华曾多次公开表示：“本质上来说我们和抖音是非常不同的产品，只是在前往各自终点的路上碰到一起。”人们还是习惯性地将两款产品放在一起做比较。谁将在流量为王的时代拿下这场短视频龙虎之争的赛点成为关键。

“2018年是快手商业化元年，快手希望将整个营销平台打造成社交商业第一入口。”2018年10月30日，成立七年，在商业化路径中始终“低调而克制”的短视频App快手终于迈出一大步，宣布大规模开放信息流广告和社交生态。

从被一篇网文打上“低俗”标签开始进入大众视野，到平台日活跃用户破亿，再到布局游戏、收购A站、试水“快手小店”，这家裹挟在争议与是非中的公司没有急着撕掉标签，向外界辩解，而是以“老铁带货”的模式切入商业化进程。

官方数据显示，截至2018年底，快手App注册用户超过7亿，视频存量超过70亿条，2017年生产过内容的用户超过1.3亿。注册用户中，主动生产内容的人数占比已达到60%，快手的人均内容生产量在中国互联网公司产品中几乎仅次于微信朋友圈。

然而，这些数字并不意味着绝对的优势与安全。随着风口的转

快手北京公司一角

变，巨头纷纷布局短视频。腾讯重启微视，百度宣布拥抱视频时代，阿里巴巴内部孵化电商短视频，原本的赛道一下变得拥挤。尤其是2018年春节后杀出的一匹黑马——抖音，仅用半年时间就将国内日活用户增加到1.5亿，并将触角伸向了海外。

短视频大战空前激烈，产品抢占的不仅是流量，还有用户时间。面对竞争者，进入“七年之痒”的快手能否走得更快？在刻板印象的质疑声中，快手如何撕去“低俗”标签？随着监管力度不断趋严，平台能否矫正算法的“价值观”？

“快手是真实世界的一面镜子”

“快手是一家慢公司，而不是追逐风口的公司，我们的目的地一直很明确。”在快手公司产品副总裁徐欣看来，快手的走红绝非在一夜之间。这波短视频浪潮来临之前，快手已经在这条路上专注地行驶了七年。

面对蜂拥而入的竞争者，一向保持着“低调”“克制”的快手并没有阵脚大乱。“事实上，我们各自有各自的赛道，只是在途中相遇了，未必会去往同一个终点。况且，我们都知道，开车最重要的不是速度，而是安全。”徐欣表示。

2011年，上线之初的快手是一款用来制作、分享GIF（图像互换格式）图片的手机应用，叫“GIF快手”。2012年11月，快手开始从纯粹的工具应用转型为短视频社区，用户可以通过拍摄记录和分享生活。不到三年，快手的用户注册量已达到1亿。

然而，高流量带来的不仅是关注度，还有各式各样的“标签”。2016年9月，一篇名为《残酷底层物语：一个视频软件的中国农村》的文章将快手推向社会主流的视野。文中，快手被定义为乡村用户的聚集地，迅速被打上"低俗""low"的标签。

"作为一家技术驱动的公司，快手对内容做个性化推荐，每个人所看到的内容反映着他个人的偏好。对审美的偏好有高有低，这个很正常。快手是丰富多彩的世界，我们的真实世界也是这样。快手是这个真实世界的一个投影、一面镜子。"快手CEO宿华在接受《GQ》专访时曾如是回应。

同时，为了矫正这种刻板印象，一向低调的快手开始加大品牌投放，当下热度较高的综艺节目中几乎处处可以看到快手的身影。仅春节期间，快手的营销费用就达到了3亿元。

"我们希望通过一系列的内容输出、交流互动，让外界理解真正的快手，以及其所坚持的理念，而不是将其妖魔化。"据快手产品副总裁徐欣介绍，目前，快手用户群体的分布与中国移动互联网的人群分布基本一致，一线城市用户并不在少数。在北京，每天有400万人打开快手，与上海、深圳、广州一起组成用户分布的前四名。

快手人均内容生产量仅次于微信朋友圈

与明星、"大V"占据主要流量和话语权的社交平台不同，在快手的世界里，普通人才是主角。

"快手是一个强调普惠的社区，在分发上，不会对精英、网红进行流量倾斜，不与明星和网红主播签订合作条约，而是尽可能地照顾到长尾用户，降低整个产品的使用门槛。"徐欣表示，基尼系数这个经济学概念被用在快手的产品逻辑里，通过算法实现。

快手办公区域

目前，快手每日上传的视频数量达到千万级，每一条视频都会经过5000人的人工内容审查团队审查，过滤出来的百万量级的视频，都能分到流量，让每个合规的作品都有机会被人发现。比起其他平台用户的金字塔结构，快手的用户结构更接近纺锤型——腰部人群基数庞大，分布广泛，能得到更多的展示空间。

同时，在内容管理方面，快手不鼓励特定偏向，而是划定界限，让用户在合规的“负面清单”外自由生长。“不干预”和普惠的产品价值理念为快手带来了极其丰富的内容池和多元化的社区生态。

“在快手，你可以看到每天在海边捡贝壳的小姑娘，也能看到村落里白发苍苍的非遗手艺传人，还有在乡村小学支教的老师，平台的内容是百花齐放的。”徐欣表示，快手需要做的，是通过技术和算法，让用户更方便地拍摄展示，更精准地找到自己感兴趣的内容。这种点对点的链接，有助于消除一部分用户的孤独，并帮助他们找到认同感。

目前，在快手的注册用户中，主动生产内容的人数占比已达到60%，快手人均内容的生产量在中国互联网公司产品中几乎仅次于微信朋友圈。

因而，快手内容的多样和高产是铠甲也是软肋。一方面，这为平台的不可复制性筑起了高高的壁垒；另一方面，这也为内容监管带来了更高难度的挑战。“在尺度的把控上，我们做的是最为严苛的，有的时候就是宁可去误判，也不愿意让不好的东西流出来。”据徐欣介绍，随着一系列内容整改，机器也在不断通过特征学习对风险进行预判，目前处理问题的速度已经达到分钟级别。

在成就用户的基础上创造收益

拥有1.2亿日活用户的快手终于拉开了商业化进程的序幕。

2018年上半年，快手上线游戏直播，并与淘宝、有赞等电商平台推出“快手小店”，主播可以引导粉丝在快手短视频、直播等场景内购物。

事实上，在速度为王的互联网公司中，快手的商业化之路一直走得克制而缓慢。以同类视频平台最为青睐的信息流广告为例，在快手的页面上，几乎很难刷到，这与快手超高的用户数和用户活跃度显得有些违和。

“在商业化这件事上，速度并不重要，重要的是商业化结构。”徐欣说，快手希望建立起在成就用户的过程中创造收益的商

快手内部培训的场景

业模式，如果单纯通过搭建信息流发布分流广告，积累两三年用户规模就可以实现，甚至能做得很好，但是这会伤害到用户的体验。

最新上线的“快手小店”则是基于平台用户需求而衍生出的一项商业化功能，初衷是为了解决问题。“我们观察到，快手上有很多自发的交易行为。比如一些从事雕刻、捏泥人、做小物件的用户希望得到关注，把这些小物件转化成经济收益。同时，长期观看视频的用户在社区里很容易产生兴趣和信赖。”徐欣向作者展示，他手上戴着的一串脑纹核桃手串就是在平台上购买的，当时还只能通过微信转账。

“快手小店”的出现为用户搭建起一条合规的交易渠道，同时降低了交易的门槛和风险。目前，平台上的一些主播已经实现了电商变现，比如贵州女孩雪莉通过卖土特产，现在月收入过万元。

徐欣表示，快手商业化路径一直比较清晰：信息流广告、直播打赏分成和一定的游戏联合运营，未来也会做一些新的探索。但放大收入的前提是，不伤害用户体验，用户体验永远是第一位的。

Q & A
对话实录

快手创始人兼 CEO 宿华：正确的价值观才能用好算法

谈算法：有正确价值观才能用好工具

作者：现在人工智能（AI）非常热门，大家都在关注人工智能的算法，您怎么看？

宿华：我自己是软件工程师出身，在我看来，算法其实和木匠的锤子、斧子类似，本质上是一个工具。所以，关键是看用工具的人怎么去用它。我们认为，要用正确的价值观指导算法，要更好地利用算法的特性去解决社会问题。

作者：快手作为大量内容的承载者，是否也遇到了“信息茧房”的问题？

宿华：“信息茧房”是第一代推荐系统特别容易出现的问题。实际上，快手作为一家人工智能驱动的公司，帮助用户找内容并非只是根据他的偏好。如果只是根据他的偏好，过去被证明过他会喜欢的东西，算法会一直推荐，这就会永远困在一个“信息茧房”里面。

快手创始人兼CEO宿华

谈审核：建立四维立体审核体系

作者：2018年4月，快手宣布要招3000名内容审核员。现在快手的内容审核是怎么运行的？

宿华：其实我是快手的第二个审核员，早期是两位合伙人轮流审核的，现在有比较完善的成建制的团队在维持工作，但是解决审核、合规的问题不只是靠人力。首先，要有足够多人力的投入，很多的判断还不能完全靠规则化的机器来完成。其次，要制定详细的规则，并且持续迭代和改进。再次，还要有技术的支持，特别是人工智能技术的投入。

作者：这中间会不会面临“一刀切”的难题？

宿华：对内容，特别是对视频内容的判断难度是非常大的，我们目前是尽量让所有的规则能够被人理解。快手内容的多样和高产是它的铠甲，也是挑战：一方面，这为平台的不可复制性筑起了壁垒；另一方面，这也为内容监管带来了更高难度的复杂挑战。

谈竞品：与全球同类产品争夺用户注意力

作者：能否评价一下快手和抖音气质不同的问题？

宿华：我不方便评价同行。快手是非常坚定的，我们希望赋能每个个体，让人工智能算法的力量被每一个不懂这种力量的人所享受到，让每个普通人因为人工智能的进展更好地与世界连接。

作者：您如何看待短视频行业目前的竞争格局？

宿华：实际上，互联网的竞争并不只是与同品类进行竞争，大家都在争夺用户的注意力，竞争是长期存在的。不管有没有抖音或快手，每一个产品都在跟全球其他产品相互竞争。

作者：在商业化的过程中，快手是否会坚持普惠价值？

宿华：其实，过去有很多用户在快手没有做专门商业化的时候，就已经在快手上卖东西了。在我们过去流量比较均匀的情况下，他们已经做得不错。我们发现，平台可以让用户在支付、售后等方面更方便，这是我们做的与电商有关的商业化，与普惠价值观没有冲突。

/ 侧记 /

作为短视频赛道的佼佼者，快手和抖音的采访恰巧安排在同一天进行。虽然同样拥有海量用户，两家公司的风格气质却与产品本身一样，呈现出截然不同的色彩。

八年长跑让快手从创业最初立水桥奥北中心的一套两居室，一路跑进了五道口。如今，快手员工已经超过6000人，分布在四座写字楼。其中，清华科技园启迪科技大厦D座的人气最旺，楼顶矗立的巨大橙色logo一度成为很多“老铁”来北京旅游的打卡圣地，他们乐于在这里拍一段视频上传至快手。

更有趣的是，很多快手上的人气草根网红在个人简介里都会不约而同地写上这么一句：“真心感谢快手这个平台。”这种用户与App平台之间的强链接让人印象深刻。基于普惠的价值观，快手让更多普通人有机会记录、分享自己的生活，并被人看见，这与微博、知乎等由“大V”掌握话语权的逻辑十分不同。在采访过程中，我们接触了快手公关、技术、产品运营等多个领域的负责人，上述价值观是他们反复提及并极力认同的。

作为一家快速迭代的互联网公司，快手上上下下透露着几丝不太相称的耐心与坚持，他们始终认为，对于用户最大的友好就是不干预，让用户自由选择自己喜欢的。“比如我自己，没事就特别喜欢在快手上看一个男孩每天在海边捡贝壳，听起来很平淡，日复一日，但我在里面找到了乐趣。”徐欣如是回答。

豆瓣：十年之痒，文艺青年的精神角落走到商业化的拐点了吗？

关键词 慢节奏 文艺青年聚集地 小众 知识付费 移动互联网

引 子

2018年初，豆瓣集团将豆瓣阅读分拆，并完成6000万元人民币A轮融资，投资方为柠萌影业。对于被称为“文艺青年的精神角落”的豆瓣来说，此举并非企业常规动作。要知道，距离豆瓣上一次拿到融资，已经过去了五年有余。

在经历了被长尾理论所困扰的六年后，豆瓣将分散在电影、电视、书籍、唱片的用户重新整合聚拢。

在日志《一个叫“豆瓣”的App》中，豆瓣创始人兼CEO阿北写道：“豆瓣团队在多方向探索几年之后，也重新回到集中、专注、快速的工作方式中。”

强化核心板块“书影音”，产品与用户共同成长

“豆瓣希望通过你喜爱的东西找到志同道合的人，然后通过他们找到更多的好东西。”这是豆瓣自2005年上线以来，一直坚持的目标。豆瓣提供的“好东西”，最核心的莫过于书籍、电影、音乐。

在最新一版的豆瓣App中，不少老粉都发现了页面的新变化：“书影音”成为单独的模块，进入更加便捷。对于豆瓣来说，这次调整意味着回归。

众所周知，书籍、电影、音乐是用户定位最鲜明的群体，也是豆瓣的核心用户。在经历了若干次抽离与整合后，豆瓣现阶段选择将核心用户再次聚拢。

提及豆瓣，多数人或许首先想到的是“豆瓣评分”。“豆瓣评分”虽然是网友对一部作品的主观评价，即便最终呈现的是网友意见的平均值，也只是具有参考性。不过，不少人已经将“豆瓣评分”看作评价一部作品优劣的重要指标。

如今，豆瓣与第三方合作，延展“评分”业务，完成“一条龙”服务。用户在豆瓣浏览作品评分后，可直接点击进入腾讯、优酷、亚马逊等平台，观看原版电影或购买正版书籍。“App并非豆瓣为用户提供的唯一产品，我们希望把App使用和生活场景结合，当需要用豆瓣App来解决生活实际问题时，就打开它。”豆瓣产品技术副总裁潘海东表示，豆瓣为用户提供服务场景，希望豆瓣的所用产品和用户之间是有联系的，以此延长产品线，拓宽用户覆盖范围。

豆瓣App的调整打通了线上线下，却并非纸上得来的经验。

豆瓣公司入门处

“豆瓣和别的产品有一个不同之处：和用户共同成长。用户在使用现有版本的时候，会产生下一步的需求。”潘海东表示豆瓣通过豆瓣社区等渠道获得用户的反馈，调整业务服务。

“慢企业”缓步发展，遇上内容付费时代

“错过了大众织网的Web2.0时代，豆瓣却无意撞上了内容付费的风口。”业内人士这样评价豆瓣近些年的发展历程。毋庸置疑，这是一家发展不追求速度，逃离当下快节奏生活的“慢企业”。

“慢企业”豆瓣的变现之路走得并不平顺。2011年，在完成C轮5000万美元融资后，豆瓣在商业化道路上做了许多尝试。2012年，豆瓣阅读器实现内容变现，“电影”栏目增加了在线选座购票功能；2013年豆瓣FM付费版本上线，电商导购平台“豆瓣东西”

推出；2015年，豆瓣自营平台电商豆瓣集市进入市场，成立唱片公司；2016年，成立飞船影业……

大约有半年到一年时间，豆瓣在一个全新的领域探索商业化转型。细数这些大大小小的尝试，多半集中在内容付费和电商两个方向。不过，除了“豆瓣时间”，其余项目的运营并不尽如人意，先后关停。

“对内来说，豆瓣现在进入一个务实的阶段。需求和通道逻辑支撑用户，营收和成本的考量支撑商业，这两件简单朴素的事情是互联网公司的基础。”2017年8月，阿北发表内部信《年中业务调整》，梳理出用户线和营收线两条业务主线，标志着豆瓣改变营商思路。

易观的研究报告显示，当下由于新兴中产阶级规模的日益庞大，中国的消费结构从生存型向发展型转变，消费者对文化、教育、娱乐等行业的消费需求越来越旺盛，这种情况推动了知识付费

豆瓣办公区域

的兴起。

豆瓣在Web2.0时代的表现不如其他互联网企业那么激进，但恰逢内容付费时代。2017年3月，豆瓣推出了内容付费产品“豆瓣时间”，首档节目《醒来——北岛和朋友们的诗歌课》，七天付费订阅用户过万。

据了解，“豆瓣时间”是一款集音频、文字等多种形式于一体的产品，邀请学界大咖、行业新秀、业界达人等加盟，目前已经上线《杨照讲史记》《白先勇讲红楼梦》《戴锦华讲电影》等多档付费节目，涵盖文学、美食、历史、戏剧等多个领域。

从豆瓣的年中业务调整中不难发现，阿北打算以“豆瓣时间”为核心品牌和团队，成立以营收为目标的内容事业部。

“内容付费不是割韭菜，需要考虑的是，在我们的平台上，用户会为什么样的内容或者体验付费。”豆瓣副总裁、“豆瓣时间”总制片人姚文坛曾表示，豆瓣在探讨商业模式的时候，已经走出了广告收入模式和用户收入模式两条路。

社群特色决定内容电商将变现

陪伴文艺青年13年的豆瓣，如今汇集了近2亿用户，但在保护好情怀的同时，走变现的道路却成为难题。

“豆瓣的用户特征比较明显：文艺、年轻人，女性比例稍高，年龄圈层集中在18到28岁，以大学生和一二线城市白领为主。”姚文坛表示，当下社会对文艺青年不太友好，“但是我认为文艺是有价值的，商业价值是一方面而已”。

无论如何，在文艺青年的簇拥下，豆瓣的变现之路注定不能

“赤裸裸”，因而它选择了“内容电商”。在琳琅满目的变现路径中，最为成熟的商业模式莫过于广告，广告却对社区氛围具有破坏性，也与豆瓣整体“小清新”的社群氛围格格不入。相比之下，承载内容基因的“内容电商”可谓“温柔”的变现路径。

业内普遍认为，豆瓣用户黏性强，社区氛围好。但是，只是将产品和社区相连接，难以支撑长远发展。从豆瓣的社群构成来看，兴趣圈分类细腻，在一个小组内较有发言权的用户，一旦跨出这个话题，将失去话语权。

所以，这种“趣缘”群体，圈层之间影响小，这也许是豆瓣得以运营多年基本维持品牌特色的原因。“每一个课程的用户都可以看作一个小社群，这样课程就可以成为社群的入口。”以付费为门槛筛选忠实且有付费能力的用户，然后将其看作一个具有共同爱好的社群，并进行有针对性的深度运营，将线上课程与线下活动紧密相连。

豆瓣办公区域的涂鸦墙

关于怎么赚钱这个问题，豆瓣有了越来越清晰的答案。尽管姚文坛透露，目前广告和付费内容这两者在豆瓣的商业化进程中，暂时还是广告的效果“略好一些”，但广告收入和用户收入这两条路已经被豆瓣走通了。

2018年3月，在“豆瓣时间”上线一周年之际，全平台内容付费产品的营收突破千万元。“豆瓣时间”和“豆瓣市集”，一个是内容付费产品，一个是自营商品，这两者在未来也存在联合的可能，从内容付费到电商也是豆瓣的规划之一。

Q & A
对话实录

豆瓣产品技术副总裁潘海东：豆瓣的历次更新迭代都是以用户为出发点

作　者：十年时间，豆瓣与用户的关系是怎样的？尤其是经历从PC端到移动端。

潘海东：从2005年到现在，包括PC端的产品和移动端的产品，我们一直是在和用户共同成长的。用户很多时候和我们想法挺像的，比如都会更关注一些长期价值的东西。在移动互联网兴起之前，豆瓣的产品线已经比较丰富了，豆瓣App是既有用户价值的延续，同时又需要适应移动端的使用场景。除了在用户价值层面的考量之外，我们也一直在观察、学习、尝试新鲜的东西，最终这些新的东西还是会落地到为用户提供有价值的服务上面。

作　者：图书、电影、音乐用户是豆瓣的核心用户，豆瓣会为他们提供哪些不同于一般用户的服务？

潘海东：图书、电影、音乐相关的功能，是豆瓣的基础功能，我们一直在努力把它做得更好。我们并没有对相关用户在原则上做区别对待，不过，因为这部分用户的相关记录较多，他们的个人档案就会比较丰富，个人形象就会比较鲜活，这样，他们在使用小组、广播、话题等功能时，会有一些天然的优势。

作　者：豆瓣如何抓住大众用户的心呢？

潘海东：一些功能核心用户用得非常开心，不用去教他，他都会去用。对于豆瓣读书、电影里面的大众用户来说，需要更鲜明更清楚地告诉他，这个功能是可以这样来用的，我们提供的是一整套服务。从豆瓣自己来看，我们更希望的是通过我们的努力，把产品、运营的工作都包含在里面，与蓬勃增长的用户群体建立良好关系，为他们提供服务。这是一个自然的过程。

作　者：豆瓣在获取新用户上有什么特别的做法？

潘海东：在整个用户的增长这件事上，我自己对于图书、电影、音乐，或者说大家对美好生活的向往这件事，我觉得是越来越多的人会关注和在意的。这件事是有长期生命力的，无论是从影视作品的繁荣，或者是大家对生活品质的要求越来越高，比如单说购物，也会追求品质，而不仅仅只是价格的便宜。我们会觉得人们会越来越注重关于价值和品质的东西。整个市场我是看好的，而且确实是在变好，这是整个用户基数的基础。然后我们也希望通过我们的努力，包含产品的工作、运营的工作等，让我们和蓬勃增长的用户群体之间建立良好的联系，为他们提供更好的服务。

作　者：现在市场上有很多App重点在抓取用户的使用时间，您怎么看？

潘海东：我们认为用户使用时长是产品功能的自然结果，不会说为了让用户时长从10分钟变成15分钟，我们针对这个来做什么，更多会去考虑做的这个产品用户在什么时候打开它，满足了用户哪些需求，是不是他此时想要的，有没有为他的真实生活带来一些积极的影响。这个是我们最看重的东西，如果这个是对的，可能结果也会是好的。所以如果抛开这些，去谈用户黏性是什么样的或者用户市场该怎么来做，我们不太会这样去想问题。

作　者：*您怎么看待移动App发展速度快与慢的差别？*

潘海东：我觉得针对不同的用户群、为用户提供不同功能的App，发展节奏是不一样的。比如我们App有一个很受用户欢迎的功能，是一个开屏，打开之后会显示你用豆瓣多长时间了。会看到有很多老用户，比如七八年、十多年的用户一直坚持在用，是因为他的生活是和这个产品提供的东西一直伴随在一起的。人们只要在某一时刻被一些东西打动，接下来再带给他的就是一个非常长期的事情。比如你过去所看的图书、电影，可能对你后来的一些选择是有影响的，这就是我们非常看重的产品的长期价值。我们更关注的是，提供有生命力的长期价值，这是我们非常想做的事情。

作　者：*外界对于豆瓣的商业化运营认为相对缓慢一些，您对这点是怎么看的？*

潘海东：因为我不负责商业，我主要负责产品，所以可能没法来回答这个问题。站在产品的角度，我们一直聚焦的是为用户提供的价值是什么。豆瓣偏向于用户长期稳定的兴趣，图书、电影、音乐是这里面非常强有力的代表和切入点。

/ 侧记 /

说起豆瓣，大家一定会跟文艺青年挂钩。总部位于北京798艺术区附近的豆瓣，在互联网圈里却有另一个代名词：佛系。

上午11时左右，当我们走进豆瓣总部，第一感觉是有些空旷。偌大的办公区像一个巨大的文艺格调的咖啡馆，一点都没有互联网公司的那种紧张感，反而给人一种安静、惬意的闲适感。

很可惜的是，当天没有遇见传说中豆瓣的明星员工，豆瓣阅读的代言人“酒仙桥之虎”——一只艺名叫作“大蛋”的猫。后来我们了解到，豆瓣不仅有自己的吉祥物大蛋，每周五更是公司的宠物日，鼓励同事把自己的“萌宠”带来上班。

其实，没有打卡制度，开会撸猫，上班遛狗……这不仅是豆瓣员工日常“佛系”的工作状态，更是一种企业文化。在豆瓣，有兴趣有爱好的人才会聚在一起，而他们也用这种方式，更加了解用户。

拼多多：三年完成上市，电商“黑马”如何突出重围？

关键词　消费降级　社交电商　流量下沉

引　子

一句“拼着买更省钱”，拼多多在看似固若金汤的电商市场撕开了一道口子，并用不到三年的时间成功上市。

在电商领域，似乎再找不到一个平台有着拼多多如此明显的AB面。一方面，山寨、低质、伪劣的标签自拼多多诞生以来便挥之不去；另一方面，不可否认，拼多多的崛起填补了京东、天猫等主流电商平台留下的空缺。在外界看来，拼多多像是一个突然闯入的电商“掘金者”。在用“拼模式”挖到流量巨矿后，拼多多改变了什么？

“三亿人都在拼的购物App，拼着买更省钱。”伴随着这条和脑白金有着异曲同工之妙的洗脑广告，成立于2015年9月的拼多多，用了不到三年时间便在阿里和京东两大电商巨头之间“拼”出了一条“血路”。

2018年7月26日，拼多多在上海和纽约纳斯达克同时敲响上市钟声，成立仅仅34个月。标榜自己是新电商开创者的拼多多，凭借“活跃用户2.95亿，一年交易额1987亿元，一季度营收增长37倍”的惊人速度，在开盘后股价大涨，一跃成为国内第七大互联网公司，仅次于BAT（Baidu，Alibaba，Tencent）三巨头和小米、京东、网易。

可能生活在一线城市的年轻人很难想象：这个号称3亿人都在用的购物软件凭什么用了三年时间就能实现IPO（首次公开募股）上市？

一方面，对于电商来说，“拼着买”所带来的新的巨大流量确实成为拼多多横空出世的一张王牌；另一方面，山寨、低质、伪劣的标签也成为拼多多挥之不去的痛，遭遇消费者铺天盖地的骂声。

在创始人黄峥看来，拼多多还是一个三岁的“孩子”。而对外界来说，拼多多更像是一个突然闯入的电商“掘金者”。在用“拼模式”挖到流量巨矿后，尤其是在周期经行的这一年，拼多多崛起的神话是否还能继续？流量之后，拼多多在电商领域的探路还有哪些需要克服的坎坷？它的崛起又为我们带来了哪些思考？

改变传统“货架式”电商，以“货”为核心拼出新需求

作为一个用闪电般速度崛起的电商新贵，拼多多用“拼”的模式到底改变了什么？

“5.6元已拼19万件，针线盒套装；9.9元已拼131万件，40卷天然竹浆卷子；10.9元已经拼45万件，陶瓷保鲜碗三件套；15.8元已拼24万件哈伦女裤”……

在改版之前，进入拼多多，我们看到的是一件又一件价格诱人、销量颇丰的货品。以“货”为核心，成为拼多多与淘宝、天猫、京东等“货架式”电商最大的不同。目前来看，拼多多营造的“拼着买”游戏式购物，遵循的依然是不以店铺、品牌和商家为中

2018年12月18日，某工厂通过拼多多新品牌可视化平台，直播自动化生产线。两周内，已有近500万人次通过拼多多平台观看该工厂直播

在拼多多农货节期间，于2018年8月19日凌晨上线的贵州六盘水红心猕猴桃，7分钟卖出3万枚，9小时22分30万枚售罄

心的方式，开启了一种去中心化的购物模式。家里没米了要去超市买米，冬天来了要买棉服，不论是大卖场还是传统搜索场景下的电商，本质都是“人找货”。

拼多多则通过“货找人”的交互模式，激发了消费者的需求，再通过社交裂变的方式代替传统的广告和品牌市场教育，将商品口碑传播的时间不断压缩。

当然，“拼”的模式不是拼多多独有，但我们可以看到，当越来越多消费者通过拼多多购买到从前从没有尝试过的农产品时，一定程度上证明了拼多多在培养新的消费习惯上的成功。

云南的雪莲果、广西的百香果，这些非传统的水果因为拼多多成为很多北上广城市的消费者的新宠。根据企鹅智酷的统计，截至

2017年底，已经有24.8%的消费者通过拼多多，购买了他们从来没有见过的东西。

在黄峥看来，“拼”首先就是要解决流量。他认为，电商进入改革深水区，核心就是看前端流量的匹配能不能形成一定聚集的量，以农产品为例，就是能不能形成新的农货上行的流通渠道。“多对多的匹配，对农产品供需两端的信息有效梳理，可以在各类农产品短暂的成熟期里，迅速匹配到有相关需求的消费者。”这是黄峥眼中，拼多多在流量背后的供需方面所做的努力。

从“拼货”到“拼品牌”，不断“提速”的拼多多要迫切“提质”

可以说在流量方面，拼多多的“提速”是一直让阿里巴巴、京东眼红的。

在2018年的“双12”，拼多多仅用9小时便过了2017年成交总额，卖出1亿斤农货，家居用品订单超2.8亿单，女装销量超9000万单。在此前公布的第三季度业绩中，拼多多营收为33.724亿元（约合4.910亿美元），较2017年同期暴涨697%。而另外两大巨头，天猫增长50%以上，而京东却只增长了30%多，增速相差很大。

不过，需求的激发需要高性价比来保驾护航。低价在需求端触达的是价格敏感人群，在创业早期，拼多多利用“价格”可以收割品牌知名度，避免冷启动，但也收获了“山寨”“低质”“伪劣”等骂名。在未来，如果拼多多只是简单停留在“甩卖”意义的货品上，“提速”的流量不仅会封顶，也会走向流失。有业内人士指出，拼多多的未来在于“拼工厂”和“拼品牌”。

拼多多的农货节

其实不难理解，当电商进入改革的深水区，即使大家讲到最多的是“人、货、场”的升级，但不论电商如何变，本质上还是围绕“供、需、销”来做深耕。如何摘掉“low”的标签，将挖掘出的流量巨矿变为黄金？拼多多宣布启动了“新品牌计划”。

拼多多负责人介绍，该项目是聚焦中国中小微制造企业成长的系统性平台，拼多多将扶持1000家覆盖各行业的工厂品牌。同时推出一系列帮扶计划，包括大数据支持、专家诊断、研发建议等，并在一定范围内提供流量倾斜、推荐位资源，以增加商品曝光度，支持其品牌化建设。

简单来说，拼多多要从源头上控制好质量，摆脱山寨的名声。

要做到这一点，在供需端，电商平台需要聚集需求，模拟预测消费者未来的需求，并且传递给上游的生产商。基于需求数据，生产商也可以开发出符合他们目标客群的特定产品。这就是阿里巴巴、京东、苏宁甚至复星等电商、品牌提出的“C2M（顾客对工厂）模式”，也就是黄峥眼中的“半计划经济”。

黄峥表示，5G的大规模推广和普及，工业供应链也将随着更快的数据流和信息交换而改变。随着前端需求匹配不断得到解决，后端生产的信息越来越充足，不管是物流公司还是供应链公司，拼多多将持续做更多优化。

Q & A
对话实录

拼多多创始人兼 CEO 黄峥：为消费者提供更具温度的服务

新的消费场景促使电商“社交化”

作　者：短短几年时间，拼多多在阿里天猫、淘宝，京东，唯品会等众多电商平台中闯出来，成为新电商平台，您认为成功的关键是什么？

黄　峥：拼多多能发展到一个拥有3.86亿用户的新电商平台，关键是创造了一个新型的消费场景。近年来，国内电商基础设施建设逐步完善，第三方移动支付工具普及，移动互联网开始向三、四、五线城市拓展，低线城市的购物需求也在不断兴起。在这种背景下，行业面临的问题是，绝大部分商业交易都是通过搜索发生的，但在新的移动互联网的场景下，用户生活习惯是花越来越多的时间在社交上，整个搜索占比不断降低。拼购模式，则从购物的目的导向、效率导向，变成了效率和情感的混合，让用户在移动互联网时代碎片化、随机化的购物需求中可以得到满足。

拼多多创始人兼CEO黄峥在乌镇互联网大会接受采访

作　者：拼多多是以熟人关系为主的社交电商，未来，社交在产品中的设计占比是否还会增加？拼多多在“社交+电商”方面还有哪些构想？

黄　峥：如何将快乐的元素和购物相结合？这是拼多多创立时就思考的问题。基于社交拼单的模式，拼多多将分享购物享实惠的理念，以熟人社交的强关系属性，融入电商运营之中。拼多多未来具体产品形态如何发展，主要还是随着用户的需求在不断改变的。比如我们发现社交与农产品上行有天然结合，于是在2018年5月上线了“多多果园”，用户以社交、互动方式种植虚拟果树，成熟后将收到免费的真实水果。如今，多多果园每天送出超100万斤水果，大部分来自四川大凉山、新疆南疆等脱贫攻坚重点地区。

作　者：现在的移动互联网变化特别快，部分App火得很快，但随后又消失了。您认为哪些是影响App发展的因素？如何看待App的生命周期？App如何保持持久创新，避免昙花一现？

黄　峥：单从电商行业来说，此前很长一段时间里，传统电商认为流量逻辑是运营核心，即找更多的流量、盘更多的货，行业的通用逻辑成了“流量×转化率”。这种传统思维在今天仍有非常大的势能，很多创业者的目的，不是服务本质，而是攒一波流量卖给巨头们。但我认为，我们不能把活生生的人看成是流量，所以还是要回归到服务本质，为流量背后的消费者提供更有温度、更有价值的服务。

建立“打假”长效治理机制

作　者：拼多多在上市之后，遇到了外界的很多质疑，其中最多的是假货以及“消费降级”的争议。现在回过头来看，您是怎么看待这些声音的？

黄　峥：存在于过去的问题不应该继续存在于未来，我们会全面补短板，补漏洞。“消费降级”从来都是一个伪概念，所有服务型企业，应该专注于为消费者提供更加物美、价廉、便捷的商品服务，这也是零售行业的本质所在。对于拼多多来说，我们更应该引导、支持中国大量的制造企业，帮助他们往品牌升级、品质升级的道路上去做，帮助他们往更好的方向发展。

作　者：到目前为止，拼多多在处理假货方面推出了哪些措施，有哪些成效？

黄　峥：公司建成了“事前、事中、事后”三个维度的长效治理机制。事前严格商品和商家准入环节，事中运用大数据技术全天候监管，事后与监管部门积极联动，建立违法信息双向推送等机制。同时，平台还将全面建立违法行为大数据管理、涉嫌违法商家信息双向推送、网上消费维权等机制，协助政府监管部门切实打击违法行为。

作　者：*有人将拼多多与淘宝做对比，认为拼多多是在做淘宝之前丢弃的一块低端业务，您如何看待这种评价？*

黄　峥：对一个零售平台来说，服务消费者没有“中高低”之区分。对平台本身而言，前端要有消费者，后端要有货，如果两头都没有，就什么都不是。拼多多今天能有3.86亿的消费者，是在一个真实的消费环境中新出现的。我们更应该专注回归零售本质，不断推动供应链向前走，为消费者提供高性价比的商品，实现广义上的消费公平。

[专家锐评]

中山大学传播与设计学院院长张志安：智能算法和人机交互技术为短视频腾飞赋能

“短视频是内容创业的下一个风口。”2016年，张一鸣曾对外宣布这一观点，并投资10亿元补贴短视频内容创作者。

彼时，今日头条正凭借备受争议的推荐算法成为用户活跃度最高的资讯平台，在移动应用App中人均月度使用时长仅次于微信。不到两年时间，在这套推荐算法的加持下，开跑不久的抖音轻松冲进短视频第一赛道，与长跑八年的快手展开激烈角逐。

在信息爆炸的碎片化时代，今日头条积累的核心算法颠覆了“人找信息”的传统模式。基于对用户、场景、情绪等多个维度的信息识别，算法实现了“信息找人”的精准匹配。后台强大的智能分发技术是抖音快速“吸粉”的一个重要保障。

作为该产品的使用者，我在体验过程中明显感受到，在大数据和

中山大学传播与设计学院院长张志安

推荐算法的技术支撑下，抖音能快速从海量视频中找到更容易成为爆款的内容，并通过话题、挑战赛等运营方式引导用户围绕爆款进行再创作。因此，优质的内容创作者更容易成为抖音的头部网红。

从产品前端来看，抖音更善于通过议题设置挖掘和创造爆款短视频内容，并借助人脸识别、手势识别、动作识别等人机交互技术为产品赋能。对人机交互技术的探索和人工智能算法在短视频内容中的应用，是抖音快速发展起来的关键。

相比之下，快手的成长周期更长。在产品设计方面，“不干预”是优化用户体验的一项核心原则。平台通过提供剪辑、后期等视频制作工具，降低用户的使用门槛，让“小镇青年”和“东北老铁”都能在这里记录生活，再借由普惠的算法让每个普通人都有机会被看见，成为目前赛道里存量最大、最包罗万象的短视频聚合平台。

在“南抖音、北快手”的盛名之下，两款短视频软件的逻辑和目的截然不同。不论抖音还是快手，一个不争的事实是短视频的风口正汹涌而来。

短视频为什么这么热？我认为，它充分满足了用户的三类需求。首先，碎片化的即时视听需求。相比文字、图片，短视频更具视觉冲击力，阅读体验较好，所见即所得，满足了当下对于信息移动化、快餐化的高阅读效率。其次，娱乐休闲和情感需求。在快节奏的生活中，人们更倾向于从内容中获得轻松、快乐以缓解焦虑，因此大部分的爆款短视频都呈现出泛娱乐化的形态。最后，智能手机、Wi-Fi移动网络等技术升级，大大降低了普通人生产和观看短视频的技术门槛，尤其是随着5G时代的到来，短视频有望迎来新一波高峰。

所谓超级App，正是具有这样超链接属性的平台，在基于最初垂直功能获得一定用户规模后，能够在平台上衍生叠加出各种各样细分的业务和功能，从而形成自己的生态。如同始于社交通信工具的微信，在用户体量达到一定规模后，通过开设公众号衍生出媒体的功能，通过微信红包切入线下支付，再借由小程序链接用户的日常生活。

超级App应该满足哪些特征？我判断的第一个标准，是看这个App是不是刚需。也就是说，这个App能否满足刚需，根本性的需要是否会被满足。第二个就是用户规模，即看App是否在切入的市场领域具有一定的垄断优势，或绝对领先优势。第三是它技术的迭代能力。

任何一个平台足够大以后，一定会走向边界淡化。值得注意的是，这些超级App由垂直功能衍生到其他领域的背后逻辑是，通过满足用户的核心需求，更深度、更广泛地链接社会，让用户在这个平台中开展更多行为，花费在平台的时间更多，用户黏性更强，商业化价值更高。

对于短视频平台来说，如何才能成为超级App？我觉得最重要是，这个平台能够为人的一种核心功能需求提供极致化的技术满足和具备平台运营能力。

所以说，平台首先需要找到人的一种核心功能。因为人的功能就那几种，社交的功能、自我实现的功能、情感需求的功能等。在这些核心功能之中，你只要找到一个痛点，并通过互联网的技术、方式得到最好的解决和满足，就能在短时间内发展成一个非常有影响力的链接平台。

第二章

大与小

巨头和新星的生存法则

微信：善良比聪明重要，
张小龙缔造的帝国驶向何方？

支付宝：让更多用户出门不带钱包

小红书：电商还是社区？
小红书要做年轻人消费的决策入口

知乎：怎么让知识躺着赚钱？

《科学队长》CEO、创业家原副总裁纪中展：
现在，“重做”知识付费

微信：
善良比聪明重要，张小龙缔造的帝国驶向何方？

关键词　社交　生态圈　移动支付　改版　颠覆　小程序

引　子

2018年12月21日晚间，微信迎来了时隔半年的重大改版。

作为一款月活用户超过10亿的超级App，微信的每一个改动都很容易引起牵一发而动全身的蝴蝶效应。

在这一次的新功能中，微信主要突出了视频元素——添加了“时刻视频”拍摄按钮，并打通了微信公众号文章和微信“看一看”的连接——点击文章底部的“好看”按钮，该篇文章会同步到“看一看”中。

初始页面，也从仰望地球的孤独人变成了一朵摇曳的小花。

很多人对改版后的微信并不满意，吐槽改版页面不好用，更有甚者认为腾讯将微信改成了QQ的风格。一时间，新版微信颇具争议。更新当晚，“后悔更新微信吗”的话题就登上了微博热搜榜第一。

就在微信新版本发布后，“微信之父”张小龙引用王阳明的名言发了一条朋友圈：“你未看此花时，此花与汝心同归于寂，你来看此花时，则此花颜色一时明白起来。”

在随后的微信公开课上，张小龙对这句话进行了解释。他认为，每个人有自己的解读是特别好的。“就像微信这么多年以来，微信的启动页面总是一个人站在地球前面，对于这个点，我相信每个人都有自己的理解。”这或许，也代表了张小龙对于用户思维的一种理解。

微信如何定义“去中心化”？

微信是一个生活方式——这是微信的官方slogan（口号）。

自2011年正式上线以来，微信从一款仅支持发送文字、图片、语音等的通信手机应用，逐渐发展出朋友圈、红包、支付、公众号、小游戏、小程序等功能。截至2019年8月，根据腾讯第二季度财报，微信及WeChat（海外版）的合并月活跃账户数达11.33亿。

月活用户数量超过10亿的App，在中国目前有且仅有微信一个。

从晨光熹微到月上中天，多少人的一天从微信朋友圈评论开始，又有多少人的一天以朋友圈点赞结束。

但张小龙在公开场合为数不多的几次发言，表明他更倾向于定义微信只是一个工具，帮助用户沟通交流，帮助用户提高工作效率，他还提出了“用完即走”的产品设计概念。

然而发展至今，微信似乎不仅仅是一个工具了。朋友圈的各种社交、公众号的各种资讯、微信红包、微信支付以及拓展延伸的小游戏和小程序：微信这一个跨场景应用的超级App，几乎占据了我们生活的方方面面。

不过，张小龙在微信公开课上表示，微信不会以增加用户停留时长作为目标，也不会以这种目标来设计产品。“如果用户在这方面停留的时间过长，那么意味着软件的效率更低了，当用户看到运行效率更高的产品，用户会放弃微信去选择这样的产品。”

在张小龙看来，不会把停留时长作为衡量一个App有没有价值的标准。他认为，一天只有24小时，互联网的使命并不是说让所有人把全部的时间放在看手机上面。几年前，微信曾有过一个宣传语：“放下手机多和朋友见见面。”直到现在，微信这个理念还是没有改变。

作为汇聚超过10亿月活跃用户的流量池，微信是一个天然的中心化平台，张小龙却表示，在很早以前微信就坚持定位为“去中心化平台”，“在一个去中心化的世界里，每个独立的个体都有自己的思考，都有自己的大脑。我们认为这样一种系统的健壮度，可能会远远超过只有一个大脑来驱动的系统”。

争夺用户时间——这是最近两年互联网行业特别流行的一句话，也是市场上新兴的App产品在做的事情。对此，张小龙在一次内部员工大会上也进行了点评。比如抖音的广告语“记录美好生活”，他指出，大部分产品都在欺骗用户，做各种滤镜，喊口号说“记录美好生活”，但生活其实并不总是美好的。

“我想引用贝佐斯的一句话——‘善良比聪明更重要’，因为AI（人工智能）比你更聪明、更懂套路，但你可以比AI更善良。”——这是张小龙在微信公开课上的一句讲话。认为善良比聪明更重要的产品经理未来将把微信带去何方？我们拭目以待。

微信支付为智慧生活提供解决方案

在早高峰前楼下的便利店里，用微信“扫一扫’匆匆买好三明治，地铁安检后，继续用微信乘车码扫码入闸。来到办公室，伴随微信如“轰炸”般的消息，夹杂其中的微信红包成为工作动力。午餐，美团外卖接入微信，支持微信付款。下班后和闺蜜看电影，打开微信找到猫眼电影，成功购票。

微信支付自2013年8月上线以来，从付款开始，一步步进入我们的生活，打造“智慧生活”，也成为新商业价值的牵引器。商品、门店、顾客已经通过微信链接在一起，商家通过“微信支付+程序”打通线上线下零售环节，实现从广告投放到二次消费的营销闭环。

微信LOGO

随着微信支付的不断普及，顾客的每一次消费，都代表门店与单个微信ID的一次交会，铺垫下一次消费的起点。如今，微信旨在借助微信支付打通“消费身份”和“微信身份”，让每位微信支付用户变成有效的流量，产生商业价值。

据了解，“微信智慧行业解决方案”实现了对日常生活场景的全覆盖，延展到客运、医院、加油站、景区、校园等30多个场景。“腾讯并不是要大举进军电商。”腾讯首席运营官任宇昕对“智慧零售解决方案”做了进一步解读，商家不必担心客户分流，微信希望通过“去中心化”的方式，把平台能力开放给广大品牌商、零售商以及商业地产等合作伙伴。

微信官方数据显示，截至2016年12月，腾讯移动支付月活跃账户及日均支付交易笔数均超过6亿。2017年12月6日，微信支付绑卡用户突破8亿。

此外，微信支付融入生活，微信红包成为新的社交方式，带起了节庆新潮流。2014年春节，微信红包第一次爆发。2015年春节，微信春晚“摇一摇”，向全国人民发放5亿元的微信红包。微信官方发布数据，2018年春节共有7.68亿人发送微信红包，收发红包总人数同比2017年增加约10%。广东、山东与江苏三省用户抢的红包数量最多，分列一、二、三位。

伴随着越来越多国人选择出国旅游，微信的目光并不局限在国内。从2015年11月，微信开始逐步支持跨境支付，无须兑换纸币。目前，微信支付跨境业务已覆盖25个国家和地区，支持英镑、港币、美元、日元在内的13个币种交易。

微信支付的宣传展板。如今微信支付已经成为人们常用的支付方式

轻量小程序“用完即走”

2017年年底，微信小游戏“跳一跳”成为低头族又一新宠。这款类似童年“跳格子”的小游戏，其本质是一款小程序。它即点即玩，无须下载安装，体验轻便，天然连接微信好友数据，激起无数网友胜负欲，再一次将网友的时间粘连在微信窗口内。2018年春节，小游戏同时在线人数最高达2800万人/小时。

2017年1月，微信小程序正式上线。以“无须安装、触手可及、用完即走”为特点的微信小程序，既是让商家在商业活动中轻便上阵的小帮手，也为消费者提供化繁为简的服务。十年前，我们可能坐在台式机面前，敲击键盘在QQ空间中发出这样的疑问：

“App是什么？”十年后，相信每一个智能机用户都离不开App。但是，纷繁的应用程序在增添生活色彩的同时，也在一定程度上加重了手机的负担，相信不少人经历过因为内存不足而导致的手机卡顿问题。微信小程序正是解决这一痛点的良药。

微信扫一扫即可出行，免去了下载与缴付押金的烦琐步骤。摩拜单车作为第一批入驻微信小程序的互联网公司，其轻便的小程序成为吸附新用户的黏合剂。据摩拜单车官方统计，100个拥有摩拜单车App的用户中，有50个人更加喜欢使用微信小程序来扫码开锁，新用户转化率提升了2倍，直接减少了用户的流失率。

“一个好的产品不是应该跟用户纠缠，而是快速完善用户的一些诉求，满足他的需求就可以离开了，关键核心点在于怎么样让他下次再来。”微信公开课讲师黄天晴在此前的公开课上表示，“用完即走”的理念不代表“一次交易”，而是有信心期待下一次再见。

根据微信公开的小程序词云来看，小程序已然覆盖酒店旅行、金融理财、电商购物、阅读学习、交通出行、生活服务和政务民生等领域。

但是，如何把“一个想法”变成“一件作品”却成为另一个难题。微信了解到这一情况后，经过技术升级，降低了小程序的开发门槛，邀请第三方帮助没有开发能力的商户。同时，简化托管程序。目前，小程序管理员在支持小程序的第三方平台上，扫码同意即可授权。

“附近的小程序”功能上线是微信小程序的又一次突破，用户随时随地可以在微信中快速找到附近的小程序，其本质是快速找到微信可以提供的附近商户的服务。未来，小程序将更大程度上融入市民生活场景，帮助线下商户更直接地触达用户。

2019年11月13日，腾讯公布了2019年第三季度财报。其中，小程序日活跃用户超过3亿。小程序的商业化进程正在加快。

实 录

腾讯公司高级执行副总裁、微信事业群总裁张小龙：坚持做一个好的、与时俱进的工具

2019年1月9日，微信公开课的“微信之夜”，腾讯公司高级执行副总裁、微信事业群总裁张小龙终于现身。这是他第一次选择在晚上开讲，整整4小时的演讲，回应了大家关心的所有问题：对过往的种种复盘、对现状的各种思考和对未来的预判和展望。以下是部分演讲实录：

刚刚我们在下面看了一下这些吐槽（“微信之夜吐槽版”开场视频），非常好，因为我每天都在听到这样的声音，都已经习惯了。我觉得在中国，每天都有5亿人说我们做得不好，每天还有1亿人想教我怎么样做产品，我觉得这是非常正常的一个事情。

今年是微信成立第八年，在今年8月的时候，微信的日登录量超过10亿，这是一个特别大的里程碑，这可能是国内历史上第一款App有10亿DAU（日活跃用户数量）的数量级。我们也没有公布过，可能在我们自己看过来，这只是哪天达到的一个问题。但是对于一个做互联网产品的人来说，应该还是一个很值得庆祝的事情。

张小龙在2019年微信公开课上演讲

谈设计原则：十大设计原则

有一个朋友说，在互联网界，微信就是一个异类。所谓异类，就是和其他的产品都不一样。我其实很惊讶，也很自豪。

自豪的是，做异类是表示你与众不同，那就是很优秀了；惊讶的是，其实微信只是守住了做一个好产品的底线，居然就与众不同了。那是因为很多产品不把自己当产品看待，不把用户当用户看待。而微信，做到了这两点。

微信和很多产品不一样的一些点，会在很多地方体现出来。比如，很多App到了春节等特定节日的时候就把标识和界面变成红的、黄的，像番茄炒蛋一样，但是微信不会这么做。

其实，有时候我很想问大家一个问题：你觉得什么样的产品是好的产品？我记得在很多年前，当我们在用苹果手机，我们会研究为什么会设计出这么好的产品来。有一位德国的产品设计师Rams总结过好的设计的十个原则。我把这十个原则念给大家听下，大家可以对照微信来思考一下，会很有意思。

第一是好的产品要富有创意，必须是一个创新的东西。第二是好的产品是有用的。第三是好的产品是美的。第四是好的产品是容易使用的。第五是好的产品是很含蓄不招摇的。第六是好的产品是诚实的。第七是好的产品经久不衰，不会随着时间而过时。第八是好的产品不会放过任何细节。第九是好的产品是环保的，不浪费任何资源的。第十是好的产品要尽可能少的设计，或者说少即是多。

初心与原动力：做一个好的、与时俱进的工具

原动力其实应该是内心深处的一种认知和期望，它很强大，以至于可以坚持很久，克服很多困难去达到它。我做微信的原动力，就是坚持做一个好的、与时俱进的工具。

微信的slogan是：微信是一个生活方式。“一个生活方式”，其实脑袋里面是有一个念头的，微信会介入每一个人的日常生活。它应该紧随时代的潮流，甚至引导时代的潮流。当时是有这样一种感觉，但其实并不知道它会怎么样去介入，介入哪些方面。但是如果不把它定位为一个生活方式，如果只是定位为一个通信工具，那就会过于片面，或者让我们的未来没有那么大的想象空间。

当一个平台只是追求自身的商业利益最大化的时候，我认为它是短视的，不长久的。当一个平台可以造福人的时候，它才是有生命力的。

公众号的slogan是：“再小的个体，也有自己的品牌。”一个公众号，就是一个品牌，并且品牌是基于关注和认可的。一个好的产品，要有自己的使命。

“独裁者”与最佳产品经理

早期，我做微信坚持的一个原则：一个新的产品没有获得一个自然的增长曲线，我们就不应该去推广它。所以在前五个月里面，我们基本上没有自己去推广它，我们只是想看微信这样一个产品对于用户有没有构成吸引力，用户是否愿意自发传播它。如果用户不愿意，我们怎么样去推广它也是没有意义的。

从微信2.0开始的时候，我们看到了曲线，有了一个增长，虽然它还不是很快，但它是自然往上走的。这个时候我们就知道，我们可以去推它了。

我们当时特别庆幸做了几个很正确的决定：第一，我们没有批量导入某一批好友，而是通过用户手动一个一个挑选；第二，在一个产品还没有被验证只能够产生自然增长的时候，我们没有去推广它。把这两个事情做对，虽然这个时间会花得长一点，但是这样使得它真正开始起飞的时候，它是很健康的。

我一直把自己当作产品经理而非职业管理者看待，我认为这是必要的，因为好的产品需要一定的“独裁”，否则它将包含很多不同意见以至于产品性格走向四分五裂。

提高效率才是最好的工具

这两年，业界的目标变成了所有App应该尽可能多地去抓住用户的停留时长，这个是违背我的常识的。

一个用户每天的时间是有限的，这是次要的。最主要的是，技术的使命应该是帮助人类提高效率。

用户其实并不会按照你的内容多少来决定他的时间分配。如果我们非要停留时间更长的话，我们当然有很多办法来做到这一点，但是这只会让用户觉得不爽，因为他的社交效率降低了。

微信永远都不会把用户停留时长作为一个目标。相反微信可能关心的是一个人在这里发一个照片，看一些文章，完成一笔支付，找到一个需要用的小程序，是不是能够做到最快速最有效。这才是最好的工具。

（根据2019年微信公开课张小龙演讲节选整理）

支付宝：
让更多用户出门不带钱包

关键词　移动支付　电子钱包　刷脸支付

引　子

“一张脸走遍天下”“保护好你的脸”……随着马云在汉诺威博览会上演示了新产品——刷脸支付，媒体和网友纷纷预测“刷脸时代”的到来。2018年12月13日，支付宝母公司蚂蚁金服在上海举办了支付宝开放日，并推出刷脸支付新品“蜻蜓”，在刷脸支付技术上进行升级。一场支付方式的变革，再一次从支付宝展开。

事实上，支付宝不仅改变了支付方式，更影响了人们的消费习惯。从密码输入到扫码，再到刷脸，支付宝展现了强大的转移消费者的能力。从电子钱包发明伊始，支付宝将消费者向线上聚拢，网购风靡全国；而通过普及更加方便快捷的扫码、刷脸等技术，支付宝正在帮助线下零售店度过寒冬。

自2004年诞生以来，支付宝带着电子钱包的基础功能被大众熟识。

然而，现如今，公众对支付宝的认识已经远远不止于支付钱包了。2018年末，支付宝正式对外宣布，支付宝全球用户数已经超过9亿，其中，在国内的活跃用户中，70%的用户使用3项以上的支付宝服务。

让普通人成为技术的受益者

“简单、安全、快速”，是支付宝一直以来的服务宗旨。让这一目标实现的关键，是科技开放。以天猫购物狂欢节为例，对普通消费者来说，每年的“双11”是一场消费盛宴，而对支付宝，这更是技术的“练兵场”。10年时间，消费者在“双11”支付环节的体验，已经从开始的“看运气”到如今的“如丝般顺滑”。蚂蚁金服副总裁胡喜认为，这离不开支付宝自主研发的核心技术的全面开放。2015年以来，蚂蚁金服已经开放了包括分布式中间件、分布式

很多城市用支付宝可以扫码乘坐地铁、火车等交通工具

数据库、区块链、生物识别在内的自主研发核心技术。

在支付场景中，人们对生物识别技术的感受最为直接。2014年6月，支付宝率先与手机厂商合作，探索指纹支付的可行性，并于次年将其用于“双11”。继指纹支付后，支付宝又率先研发了刷脸支付，并将其应用于超市、便利店、药店等众多的线下零售场景，全国上百个城市的超过百万消费者已体验了刷脸支付的便捷。统计显示，输入6位密码平均需要3秒，而指纹支付只需1秒，支付宝最新推出的刷脸支付产品“蜻蜓”，更是将支付时间缩短到0.01秒。缩短支付时间，降低支付门槛，在快与更快的变革中，支付宝让包括“银发族”在内的更广泛人群享受技术带来的美好和便利，让每一个普通人都能无限制地成为技术的受益者。

支付宝数据显示：2018年天猫“双11”，每10笔支付就有6笔是通过指纹、人脸完成的。正如胡喜所说，生物支付时代已经到来。

小微企业的“生意宝”

支付宝的开放不仅体现在支付场景，蚂蚁金服要将自己所拥有的最强、最成熟、最安全的技术开放给业界和生态伙伴，为世界带来更多平等的机会。过去，小微经营者一直面临“贷款难、融资贵、融资繁”的传统困境。支付宝的“暖科技”让那些苦于生意难做的小微经营者看到了新的希望。

“支付宝要让小微企业的‘融资难、贵、繁’一去不回。”蚂蚁金服董事长兼CEO井贤栋的话不是说说而已。蚂蚁金服发起成立网商银行，并推出“310”贷款模式，即小微企业主只需要花3分钟在网上填写申报材料，1秒钟实现贷款到账，且整个过程中零人工干预。针对线下服务业，支付宝通过一张小小的二维码让数字技术极致简化。小微商家通过一张码就可以享受收款、营销、培训、资金管理、贷款、保险方面的多项服务，“小微经营者以前请不起会计，现在支付宝为他们提供免费首席财务官”。

70多岁的江西石城农民赖德星，和孙子经营着一家卖蜂蜜的网店。爷爷在家养土蜂，孙子带着蜂箱外出采蜜。他们从2012年开始使用网商贷，用作日常资金周转和扩大经营。他们不但自家生意蒸蒸日上，还带动了当地蜂农的发展。这仅仅是受益群体中的一小部分。井贤栋透露，仅在贷款、保险和“三农”服务三个方面，支付宝的金融科技已为超过1100万家小微经营者，提供超过2万亿元的贷款支持，为460万农村小微经营者提供了4100亿元的贷款支持。胡喜在演讲中讲过，未来，“暖科技”将继续让天下没有难做的生意。

从“中国的”到“世界的”

在内地市场，支付宝经过了近10年的创新与实验，为进军更大的市场打下基础。2014年，早已成为内地支付巨头的支付宝，等到了成熟的时机。第一笔跨境线下支付发生在中国香港荔枝角地铁站的Circle K便利店，似乎预示着支付宝在香港将被重点应用的场景。资料显示，香港地铁是港人出行的第一大交通工具，每天要接待乘客580万人次。2018年11月，香港地铁正式宣布独家接入香港版支付宝“AlipayHK”，并预计在2020年，香港用户就可以用港版支付宝扫码过闸坐地铁了。

支付宝进入越来越多的海外城市

欧洲市场是支付宝的下一个目标。早在2017年，支付宝就在6个欧洲国家使用活跃。到2018年底，支付宝已经在欧洲20多个国家进行推广，与100多家银行和40家数字钱包公司签订了合作协议。

发展不平衡是支付宝在欧洲遇到的问题。在俄罗斯，几乎所有超市和零售商都在使用支付宝进行交易，但是在高端消费占主导地位的法国，类似支付宝这样的新兴公司还是发展艰难。“欧洲的支付市场正在迅速改观。”蚂蚁金服欧洲地区负责人王莉表示，支付宝在同行竞争中还是有很大优势的。

支付宝的功能和发展特点与我们所处时代的特征有相似之处：快。从支付时间极短，到贷款不用等待。这一数字技术从诞生到传播到世界的每一个角落，也只用了短短十几年的时间。

/ 侧记 /

记得最后一次用支付宝完成扫码付款，手机屏幕上弹出一个小窗口——“是否立即开启指纹验证？”我马上意识到，最近呼声强烈的“黑科技”——指纹支付，真正地被投入到生活场景中了。我体会到了久违的惊艳，那种感受跟我第一次用扫码支付相似，不过这一次的程度更深。

如果是在以前，移动支付刚刚兴起的时候，我会犹豫再三，然后选择“否”，继续观望。面对新技术，许多人是保守的，但随着移动支付渗透我们的生活，甚至改变了人们的习惯，这类新技术的推广会变得越来越容易。

春节假期期间，一位澳门好友在微信朋友圈发了一条动态：“在广州，菜市场都可以用支付宝，出门根本不需要带钱包，却一时间忘记自己身处澳门，去买菜时拿上手机就出门了，结果到了市场才想起要用现金，只好折回家拿钱包。”评论区有人对这种情况哭笑不得，但不得不承认的是，在鲜明的对比之中，我们更加能感受到移动支付带来的便利。

小红书：
电商还是社区？小红书要做年轻人消费的决策入口

关键词　“中国版 Instagram”　种草神器　生活社区　电商平台

引　子

从美妆到居家，从素人到明星，被誉为“种草神器”的小红书凭借着“左手社区、右手电商”的模式在用户心中种下了一片“草原”。

2018年5月31日，迎来“五周岁生日”的小红书宣布完成新一轮超过3亿美元融资。一众投资机构中，电商霸主阿里和社交寡头腾讯赫然在列，为主打社区分享的小红书自生内容勾勒出一条更加明晰的变现途径。随着林允、张雨绮等一大批明星入驻，小红书迎来用户快速增长的高光时刻。最新数据显示，2019年春节期间，小红书活跃用户数较2018年同期增长超300%，创历史新高。

作为名副其实的“带货王”和“种草机”，有观点认为，小红书将凭借社区笔记的特色优势成为电商界的大众点评；然而，随着大量营销号、网红“大V”入驻，分享笔记和广告推广之间的界限越来越难以分清，小红书似乎走上了微博的发展路径。2019年初，小红书内部迎来新一轮架构调整。未来将走向何处？

“我们希望把这里打造成一座美好、真实、多元的‘虚拟城市’，鼓励人们在小红书分享不同的生活状态和观念。”据小红书合伙人曾秀莲介绍，截至2018年10月，平台用户数已突破1.5亿，月活跃用户数超过5000万。其中，90后用户占比超过70%。

不过，高处不胜寒，1亿“小红薯”能否撑得起30亿美元的估值？随着电商砝码的加重，小红书该如何平衡广告与社区的界限？这家小而美的独角兽正面临着“成长的烦恼”。

拥有购物功能的“中国版Instagram”

小红书到底是一个生活社区还是电商平台？成立五年间，曾秀莲和她的团队成员曾无数次被问到这个问题。

2018年年初，随着Slogan从“全世界的好生活”变成“标记我的生活”，小红书似乎正给出一个掷地有声的答案。

曾秀莲表示，小红书创立之初，是为了解决国人海淘、出国购物时，信息不对称的痛点，早期邀请了很多旅居美国、日本、新加坡等地的人士撰写购物攻略。由于商品种类繁多、购物信息更新速度太快，小红书于2013年底完成第一次转型。从PGC（专业生产内容）变为UGC社区，鼓励用户自己生产内容，以实现信息的多元化和高频迭代。

打开小红书的首页，一篇篇图文并茂的笔记在记录购买心得、

小红书首家线下实体店REDhome电子屏上展示的部分商品

分享使用体验的同时，也搭建起小红书真实而多样的商品口碑数据库，成为用户购买决策中极为依赖的一环。

为了满足用户从“种草”到“拔草”的全流程消费体验，2014年12月底，提供海淘服务的小红书福利社应运而生。“刚开始做海淘时，福利社上线的产品种类非常有限，但几乎每一个都成了爆款。”曾秀莲介绍，依托于社区用户对商品评价的大数据积累，小红书对于“爆款”的精准判断和用户转化率远远高于其他电商平台。

不过，即使在“内容运营”上有着难以复刻的优势，小红书的创始人瞿芳却不止一次对外强调：“小红书不是电商。”在她看来，内容社区是小红书的横向底层架构，电商只是一个竖向变现的方式。这与近年来，很多综合型电商为提高转化率而试水“内容”的出发点截然不同。“我在内部强调的是，我们的用户不是为了买东西而来。”

对于小红书而言，社区的用户活跃度远比电商转化率重要。“如果一定要对标一个App的话，我们更接近加了购物功能的中国版Instagram。”曾秀莲表示，小红书的电商将始终围绕社区用户提供服务。从产品设计来看，用户打开App第一眼看到的一定是社区而不是小红书商城，这一点在五年间从未改变过。

明星、素人为何都爱小红书?

无论是“带货女王”林允，还是从《创造101》走出来的甜美女孩吴宣仪、孟美岐，2018年春节过后，这批明星偶像的入驻，为刚满五周岁的小红书带来新的增长契机。

“在这件事上，我们从没有花过推广费，也不会刻意对明星做流量倾斜。”曾秀莲坦言，与其他社交平台相比，小红书最大的吸

小红书首家线下实体店REDhome

引力就在于“真实”，明星可以摆脱固有“人设”做自己，在这里分享生活中的点点滴滴。而对于普通用户而言，他们也希望看到明星褪去光环后，最真实的一面。

演员林允的“口碑逆转”就是在小红书上完成的。入驻一年半的时间里，这个卸下偶像包袱的女孩，通过在主页里分享自己的素颜照、穿搭心得、平价护肤品等182篇笔记，收获超过945.7万粉丝，成功从微博“被负面话题包围的女明星”转变为小红书最受欢迎的“美妆博主”之一。

与此同时，《偶像练习生》《创造101》等综艺节目的千万级品牌赞助也为小红书赢得了大量曝光，突破用户大规模增长的瓶颈期。

从数据来看，2018年4月12日，女团选拔节目《创造101》开播当天，小红书App的用户下载量出现了一个明显高峰，主持人口播、中插广告、后期字幕，两个小时的时间里，小红书的名字出现了几十次。

事实上，小红书在品牌营销的打法上站位一直很精准。“比如2015年的周年庆，我们做了一个‘小鲜肉送快递’的线下活动，由一票身材健硕，露出八块腹肌的型男亲手把小红书的红色快递盒送上门，在网络引发了疯狂转发和讨论。很多人是从那个时候开始认识我们，效果很好，而且成本不高。”曾秀莲介绍。

在潮酷、有趣、好玩儿的社区氛围下，年轻消费者正成为小红书主流消费群体。“用户年轻化趋势的背后，其实也折射出中国的消费升级。”曾秀莲表示，随着社区分享内容边界的不断拓宽，小红书的用户圈层正逐步打破“白富美”、女性用户为主等标签，呈现出多元化的特点，下一步期待覆盖更多的男性用户。

目前，小红书社区每天产生数十亿次的笔记曝光，内容覆盖时尚、护肤、彩妆、美食、旅行、影视、读书、健身等各个生活方式领域。平台通过海量标注的数据及机器学习的方式做内容分发，实现“千人千面”的精准匹配，以提升用户黏性和活跃度。

“互联网最重要的资产其实就是人。”曾秀莲称，新一轮融资将主要用于加大平台技术的投入和相关人才招聘。

成为最受用户信任的社区

在曾秀莲看来，小红书的突出重围是因为踩对了三个时间点。一是海外购物，也就是背后的消费升级；二是移动互联网，小红书从一开始就发力移动端社区，顺应了潮流趋势；三是赶上了国家对于跨境电商的政策支持。

不过，一夜爆红在互联网时代并不罕见，如何才能长久地走下去？

随着垂直电商的生存空间越来越狭窄，小红书正逐步弱化自己的跨境电商平台标签，大刀阔斧地向着多元化社区转变。不过，在带货能力强劲的明星、网红纷纷入驻的情况下，拥有“国民种草机”属性的小红书面对的首要问题，就是如何保持笔记的真实性，而不是沦为品牌推广的工具。

“很多时候，在别的平台不好卖、不知名的产品，在小红书上面一发，立刻上了好几个档次。”一个小红书推广群的群主曾向虎嗅网表示，这些小红书推广群的业务包括红人推广、笔记直发、商品测评、商品置换、产品宣传、商品种草、粉丝代刷等。

相比于微博、知乎，这些“好物分享”的内容在小红书更容易

线下实体店REDhome展示的部分商品

找到目标用户，也更加贴合语境。因此，广告推文和“真情流露”的界限在这里变得越来越模糊，用户很难辨别。长此以往，将直接松动小红书在用户圈层的信任根基。

事实上，不止一个资深用户向作者表示出类似的担忧，小红书会否成为下一个微博？“用户价值永远是第一位，我们的内部愿景是成为最受用户信任的社区平台。”曾秀莲表示，小红书一直在通过算法积极地管理，避免社区走向过度商业化。

“针对一些简单粗暴的广告，系统可以直接甄别，比如不能带链接等，我们在运营方面已经做到了。其次，我们会通过算法甄别，劣质的内容不会得到算法推荐，就算他拿了广告费，如果这篇笔记不被人看到，它就不是一个广告，因为它没有影响力。”

此外，对于目前唯一成熟的变现途径——电商，小红书在价格、物流、品控、客服等方面仍与其他综合性电商平台存在一定差距。“用户只看不买，那一定是我们做得还不够好。”瞿芳在接受亿欧专访时曾表示，用户进社区看内容到购买，不用跳出去别的App进行搜索才是更流畅的体验闭环，现阶段提升电商能力已经刻不容缓。

据介绍，目前，小红书商城在国内已经拥有一个国内备货仓和宁波、深圳、郑州、天津四大保税自营仓，遍布四大洲的七大自营仓储运营中心和九个主要小包转运中心网络也正在积极地部署当中。

“保税自营仓的模式保证了用户能经济快捷地享用到来自世界各地的原装正品；同时，自营仓库管理也使得小红书的商品更具价格优势，为商家减少了仓储成本压力和人力操作成本。”曾秀莲表示。

对于小红书来说，如何在社区与电商间找到比例最佳的平衡点，将直接决定这家小而美的公司将开往何处，行驶多远。

Q & A
对话实录

小红书合伙人曾秀莲：理解用户才能做到精准匹配

作　者：在社区运营中，用户活跃度至关重要，小红书如何提升用户黏性和参与度？如何挖掘优质内容？

曾秀莲：小红书是从为用户提供有价值的思考出发提升用户体验，从而提升用户的黏性和参与度。一方面通过海量标注的数据，通过机器学习的方式做内容分发，理解每一个用户发布的每一条笔记，做到精准的匹配，让用户在这里看到更多感兴趣的内容；另一方面，小红书也通过不断完善产品设计，让小红书成为更便捷、更有趣的内容发布工具，让标记生活成为用户的习惯。

作　者：近期，多家电商平台被爆出信息泄露的问题。在用户信息保护方面，小红书采取怎样的措施？

曾秀莲：一直以来，小红书高度重视用户信息安全。面临全行业共同的痛点，我们建立了完整的合规体系和多道防线：首先，尽可能少地收集用户信息。同时，在内部严格区分数据管理，将用户的数据放在最高保密级别。此外在对第三

小红书合伙人曾秀莲接受专访

方商户的审核环节，小红书建立了近百人的审核团队，从商铺入驻到商品上架的过程中进行严格的资质审核和管理。同时，对商户提交的相关资质材料逐一审核。对于碰触“用户信息泄露”红线的商户，一经查实予以绝对关停，并将其列入黑名单。

作　者：您认为超级App需要具备哪些特质？

曾秀莲：我觉得有很多的维度可以去评判一个App，比较常规的就是用户的活跃度、估值、市值，这些都是衡量的维度。对小红书来说最重要的一个衡量指标就是这个事情会不会给用户创造价值，所以我觉得用户价值是衡量一个超级App成功的最重要的标准之一。

/ 侧记 /

总部位于上海SOHO复兴广场的小红书，有着与这个城市同样的潮酷与精致。复古的旋转楼梯，ins风的粉红咖啡吧台，柔软舒适的沙发讨论区……踏入小红书办公楼的那一刻，竟忍不住怀疑自己来到了一间创意网红餐厅。

采访在一间名为“flowershop”的会议室进行，浅粉、正红的玫瑰铺满了整面墙壁。正当我们打趣道，如此少女心的办公布置，小红书不愧是最受女性用户青睐的App之一时，联合创始人Linda笑言：“接下来，我们的目标就是吸引和鼓励更多的男性用户入驻，打破外界固有的印象。小红书是一个年轻、好玩的社区，每一个人都可以在这里标记你的生活。”

知乎：怎么让知识躺着赚钱？

关键词　知识付费　全民知识平台　知识普惠

引　子

“你真的知道吗？你确定你知道吗？你真的确定你知道吗？”在2018年世界杯期间，这句有些“鬼畜”的广告语在新代言人刘昊然的口中被反复强调，遭到了用户的纷纷吐槽。但与此同时，知乎通过这波广告收获了更大的曝光。

不论是签约刘昊然，还是大面积推出营销广告，已经七岁的知乎如今正在迎来转型——拥抱更大众的世界。2018年11月，知乎的总用户数达到2.2亿，累计产生1.3亿个回答。在这个“七年之痒”的当口，知乎提出了全民知识内容平台的愿景，力图收割更为广阔的市场。上线于2011年的知乎，从一个早期需要邀请码才能注册的小众社区，如今成长为一个拥有超2.2亿用户的知识内容平台，走向大众化似乎成为其必然选择。

其实，从小众走向大众，对于很多依靠垂直圈层起家的App来说，都是一个坎儿。而从小众走向大众，知乎必须面临的一个难题是，在获取更多用户的同时，如何保证产品的调性不被破坏。未来，知乎走向大众化与其产品个性化、高要求的矛盾仍须调和。

回望知乎过去的七年，我们想要关注的是，它的优质内容是如何源源不断地产生的？知识服务的产品是如何去销售的？一个不断壮大、变化的用户社区应该如何去运营？当然还有一个问题，知识经济仅仅是付费这么简单吗？那么这篇文章，我们就来剖析一下知乎背后隐藏的更大"野心"。

如何吸引优质内容？

"我们相信一点，在垃圾泛滥的互联网信息海洋中，真正有价值的信息是绝对的稀缺品。"在七年前的内部邮件中，创始人周源用一句话为知乎定了调——知乎要做互联网信息的"稀缺品"。

要做到这一点，首先就要树立门槛，划分圈层。在知乎早期的版本中，用户来源被严格限制，必须通过邀请码才能注册使用，而知乎的运营人员也会亲自提问和回答问题，同时对一部分问题进行折叠或删除。在开放之后，知乎在2014年底引入新的排序算法，在2015年4月上线"悟空"反垃圾系统，目的只有一个，就是保证内容的质量。

以上可以说是知乎内容生产的大前提。而对知乎内容的分析，最为核心的业务还是问答。这其中涉及的，其实是针对UGC内容创作者的激励问题。

首先，通过知乎的排序算法，高质量回答会获得更高的点赞和

2018年知乎盐Club，主题为“新知青年大会”

曝光，就是对创作者的激励。此外，2018年，知乎通过上线为用户持续提供良性讨论空间的“盐值”系统，以及旨在为优秀创作者提供多维度权益的创作者中心，与社区内原有的权重系统、内容推荐系统和赋权系统打通，对创作者进行综合评估，并赋予其相应等级的权益。

但我们看到，知乎对创作者的激励核心是价值权益，而非直接的物质奖励。面对2017年底拿出10个亿激励回答者的悟空问答，知乎没有参加这种砸钱式的竞赛。相对于把回答做成生意，知乎更希望通过引导的方式，让回答者为自己生产的内容价值负责，从而获得物质收益。

虽然悟空问答通过高额赏金吸引了一大批回答者入驻，但从其昙花一现的效果来看，知乎的这种激励模式在用户黏性和用户生态方面更胜一筹。

“知乎大学”与知识付费生态

从2017年起，曾经以“慢”著称的知乎，商业化的速度明显越来越快了。目前，知乎主要的盈利来自两个板块，商业广告和知识服务。在知识服务方面，2018年6月，知乎将原有的“知识市场”业务升级为“知乎大学”，将付费产品统一到一个入口。

在2018年11月最新一版的App中，“知乎大学”的产品矩阵由“课程体系”和“读书体系”共同组成。课程体系包含“Live小讲”和“私家课”等，完成从音频到视频、从小体量到大体量、从短时分享到长期体系化的初步覆盖。“读书体系”则包含“知乎书店”的电子书、有声书、知乎·读书会。

从产品结构来看，知乎在知识付费领域的探索是更进一步的。对比依靠“大V”效应迅速成长起来的喜马拉雅、蜻蜓FM和悟空问

2019年3月，“不知道诊所”广州站

答等平台，“大V”的离开则意味着影响力的腰斩，围绕头部账号的知识付费太容易触摸到天花板。知乎的模式，则将PGC和UGC并重，在与极客公园、KnowYourself、学堂在线等专业机构IP合作的同时，把一大批平台多年来积累的优秀回答者和内容进行运营和经纪。

此外，随着越来越多用户的涌入，众包这一知识生产模式开始面临内容过多、质量参差不齐等无法回避的问题。采用将所有的知识服务集合的方式，就可以对产品进行更加精细化地运营与管理。

在产品销售方面，相比一些平台被质疑的分销模式，知乎在内容分发方面则主要通过社区内部转化，以及搭配知乎日报和外部媒体的曝光。与此同时，知乎推出“超级会员”的年费服务，将知乎大学的产品打包出售，被认为是知识付费一次不错的促销手段。

聚焦年轻人：向更大众化的领域迈进

从一个早期需要邀请码才能注册的小众社区，到如今拥有超2.2亿用户，成为中文互联网最大的知识内容平台，知乎的用户规模在不断扩大，用户的圈层也在不断丰富。与此同时，新用户的获取开始不像以前那么容易。

从小众走向大众，知乎必须面临的一个难题是，在获取更多用户的同时，保证产品的调性不被破坏。同样，在保证产品高质、社区规范的同时，吸引更多的大众用户。知乎需要在二者之间不断调和。这其中，品牌营销的战略就显得尤为重要。在线上，知乎通过打造品牌形象“刘看山”，拉近了与用户的距离。同时，选择新代言人刘昊然，对准了年轻人群体，并且在世界杯期间投入大量硬广。线下，知乎偏爱场景营销，例如与必胜客、饿了么合作开设知乎主题餐厅，从2017年开始全国巡展的“不知道诊所”，以及一年一度的盐Club主题聚会，知乎以领域内容为核心，以场景化为手段，不断提升着目标用户对产品的认可度。

而场景化营销背后的另一层逻辑是，充满好奇心、不满足于已有认知的年轻人存在强烈的自我提升需求，且他们的需求在不同人生阶段呈现迁移性变化，这意味着，单一的知识付费产品无法一次性满足这类群体的需求，当下知识消费正在面临着新一轮的升级，这也要求知乎作为平台方提供更多满足年轻人个性化需求的玩法。

在未来，知乎走向大众化与其产品个性化、高要求的矛盾仍须调和。同时手握社区社交和知识付费两张牌的知乎，在丰富社区社交属性的同时，还要保证高质量、内容严肃产品的营销受到欢迎。纵观市场上的App，与其同类型或相似的公司少之又少，知乎需要在尝试中找到一条属于自己的道路。

Q & A
对话实录

知乎创始人兼 CEO 周源：知识付费如何从小众走向大众市场？

知识付费是大势所趋

作　者：在知识付费领域中，陆续有其他产品和企业出现，您觉得这些产品的出现是好事还是坏事？

周　源：有其他产品和企业出现，这一定是好事，知识付费是个非常大的趋势。但知乎不是自媒体平台，从来不是靠发稿费给作者来驱动他们写作的，知乎是一个知识平台，本质上是一个社区，为更多用户创造连接的机会。此外，知乎如今有了知识付费这样的产品，也给很多用户提供赚取真金白银的机会。不仅是知乎，整个互联网都是通过知识分享进行沟通交流的平台，初衷都是多元的，收益只是其中的一部分。

作　者：在中国共享经济这个大浪潮中，知识分享领域需要有哪些突破？

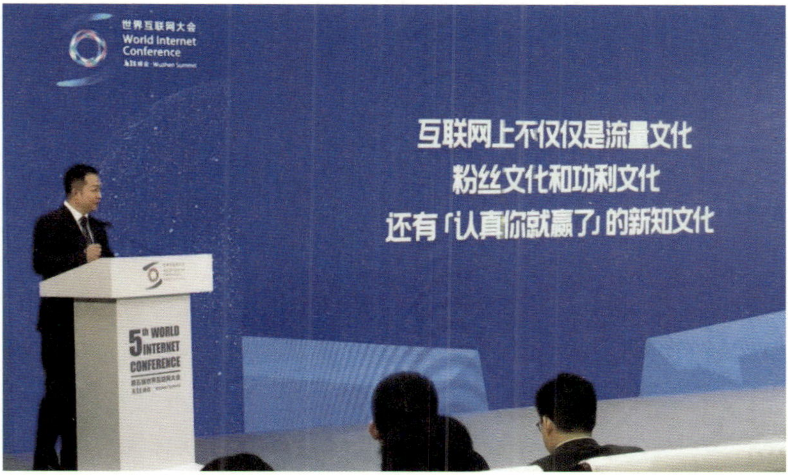

2018年，周源在世界互联网大会上发表演讲

周　源：知识分享经济的本质是帮助用户解决问题，比如获取更优质的信息，咨询或者自我提升。从商品和服务角度来说，这是一场长跑。关键点在于企业如何通过产品创新生产更多有价值的知识商品。知乎是一个知识平台，知乎要为大家提供更多工具，同时做好用户之间的连接，产生更多知识分享价值。

作　者：作为一个有影响力的内容平台，知乎有着怎样的价值观？

周　源：笃信认真，认真创造价值。有句话叫"认真你就输了"，但我们认为"认真你就赢了"，知乎要认真做好知识内容平台，认真帮助每个人高效获得可信赖的解答。打造普惠型知识分享平台，是知乎的核心价值观。随着互联网技术的发展，公众与世界、与信息、与知识之间的连接壁垒被不断打破，传道、授业、解惑的成本和门槛极大降低，知识普惠才真正成为一种现实。我们立志打造这样一个知乎，在这个知识普惠平台上，每个用户既是知识的消费者，又是知识的传播者和创造者。

知识共享以持续的供需关系为基础

作　者：我们身边有很多年轻人在用知乎，他们是怎样的一群人？

周　源：知乎上的年轻用户非常多，但是年轻用户分两种，一部分是理解知乎并愿意分享知识的人，还有一小部分人会看得比较少。一些用户对知乎的刻板印象是门槛特别高、距离特别远、各种大神。我们希望让大家知道，知识分享是随时能做的事情，它没有特别高的门槛。

作　者：关于用户画像，知乎有没有统计过，不同地域的用户提问是否有不同的偏好？

周　源：一方面，每个地区肯定都有基于本地的提问，比如关于广州吃喝玩乐或者新鲜事。另一方面，总体的知识呈现没有太大地域性。这两种现象都存在，我觉得知乎上的提问还蛮丰富的。另外，知乎会从技术和数据上帮助大家更好地进行知识分享。地区性是很重要的，如果把本地问题的分发推送研究得更透彻，有利于问题得到更好、更快的解答。

作　者：从问答到知乎Live再到知乎大学，知乎是如何把知识做成商品的？未来的产品线布局如何？

周　源：知识产品其实主要来自用户的需求，比如有人持续提问和关注，这就会在不同领域、不同专业形成关系网络。知乎是以持续的供需关系为基础的，产品线的布局要基于场景，像知乎Live就是偏向互动场景的。另外一种是体系化知识的输出，知识输出者讲完生意、理财的课程，参与者听完后再来提问。产品形态布局是与供需网络的产品直接相关的。现在主要有以下几种产品形态布局：第一种是课程类产品，主要是知识的输出；第二种是互动类产品，多人参与，输出者和参与者在互动中会产生新的内容；第三种是偏咨询类的产品，形式为一对一。知乎是一个平台，这几个产品都是符合知乎用户场景的产品形态的，目前，这些产品还在发展中。

/ 侧记 /

2018年5月，即使是顶着炎炎的夏日，北京751东区故事D·Live生活馆门前的露天广场上还是挤满了众多俊男靓女。经过两个多月的筹备，这个占地2000多平方米的场地摇身一变，成为一个特殊的聚集众多知识内容IP的“新知市集”，42章经、虎嗅“虎cares”、段子实验室等，甚至中科院物理所，都在这里摆起了摊儿，吸引了大量年轻人前来体验和消费。

走进东区故事的内场，在第五届知乎盐Club“新知青年大会”上，周源把关注的焦点放在了年轻人身上。他表示，年轻人的需求正在随着他们人生阶段的迁移发生着大量变化，年轻人消费升级所带动的服务升级自然不可避免。

“当下的知识消费正在面临新一轮的升级，这是一场关于知识、媒介、服务的升级。”当天，周源在这届盐Club上卖了两个关子：未来知乎将推出创作服务平台；知识市场将进行全新升级，打造一所知乎大学。如今，这两个计划都已面世，知乎的战略升级还在继续。

[专家锐评]

《科学队长》CEO、创业家原副总裁纪中展：现在，“重做”知识付费

在过去几年，知识付费作为一种新形态的商业模式，造就了一批企业和人。我想强调的是，现在的知识付费作为一种商业形态确实是新的，但从知识需要付费的角度来说，这是一个古老的行业和生意。

当互联网作为水电煤的基础设施已经搭建完毕，也就是人流、信息流和资金流都有了天地融合之后，开始重构各行各业的今天，所有的行业和生意都值得重做一次，传统企业如此，新兴的知识付费行业也如此，所以才会出现今天的繁荣与狂欢。

作为业界知名的具有知识属性的App和商业体，知乎的很多做法、业务与产品，都正在主动和不自觉地进行着知识付费领域的商业“重做”。

知乎的“重做”知识付费和得到、喜马拉雅等App正在做的知识付费是不一样的，知乎主要是从用户人群、产生内容的方式和产

《科学队长》CEO、创业家原副总裁
纪中展

出的内容、用户需求这三个方面形成很大的差异。

或者我们再从商业模式上来清晰地界定：得到和喜马拉雅等App还在进行着生产力的提升，可参考的是实物电商领域的京东，它的崛起是依靠物流和供应链，也就是与竞争对手比赛谁搬箱子的速度更快。但知乎做的是生产关系的重构，也就是我提到的“重做”的核心。生产关系的重构有这样几个关键要素：

1. 固定成本向可变成本转变。

2. 重资产向轻资产转变。

3. 利润来源单一向利润来源多元转变。

4. 生产链条各环节角色单一到丰富转变。

当然，在这里我还要提出的是，在知识付费领域里，无论是知乎还是其他机构，要做得好必须要遵循这样一个方法论：内容产品化、产品服务化、服务众包化、众包平台化。

内容产品化，指的是在生产内容的方式升级重构后，如何将内容产品化，这意味着产品可以标准化、规模化，并且可以复制，这对产品来说是一个很重要的考验。

产品服务化，知识付费实际上就是出版和服务，如何能让产品符合不同时代的需求，服务很重要，产品通过服务来表达很重要。

服务众包化，也就是服务不是由一个人、一个团队、一家公司来完成的，而是要汇聚更多资源，甚至是用户的力量，形成新的合力来共同完成服务的交付，这就是我一直提到的生产关系的重构。

众包平台化，讲的是当服务众包和个性化后，需要平台来沉淀和完善。

从知乎的案例来看，相比其他知识付费的玩家，知乎是“平台+渠道+内容”的三位一体，当这三种关系组合并重新构造升级之后，可以说将会从知识付费这个古老又新鲜的行业里爆发出更大的能量，这就是“重做”知识付费的力量！

第三章

生与死

涅槃重生或昙花一现

微博：几经沉浮，
留下的是“围观”还是“娱乐”？

QQ：后微信时代，
QQ如何拿下00后？

美团点评：王兴的八年征途，
从后发先至到无界扩张

“二次元”的AB面：
A站与B站的“爱恨情仇”

国家行政学院社会和文化教研部高级经济师郭全中：
从PC流量大户到超级App要过四道关

微博：几经沉浮，留下的是“围观”还是“娱乐”？

关键词　微博　“娱乐至死”　围观

引　子

点开微博热搜，足不出户便能领略世间百态，有趣劲爆的社会新闻、口耳相传的最新消息、街头热议的民生热点，还有娱乐圈二三事，都能于微博方寸间点击获悉。

2009年8月，新浪推出“新浪微博”内测版，新浪成为第一家提供微博服务的门户网站。当时，没有多少人能想到，新浪微博会在无数的中文微博产品的竞争中，成为受用户青睐的幸运儿。2014年3月，新浪微博宣布改名为“微博”，新浪色彩逐步淡化。2016年10月18日，它更是以113亿美元的市值，超越美国Twitter（推特）。

UGC平台网友“围观”的力量

微博刚刚兴起的时候，不难在电视上看见一边拿手机看微博，一边讲新闻的主播。微博用及时性撼动网民的第一根神经，而它赋予普通民众发言的力量则搅动了中国的舆论场。

2010年，微博客入选南方人物周刊“年度人物”。微博汇聚了中国网民的“好奇心”，140字、9张图的碎片化信息让人目不暇接。

这一年是微博在公共议题中最具荣光的一年，富士康连环跳，宜黄钟如九姐妹……正如微博的口号一样，“关注就是力量，围观改变中国”，无数的事件在微博上发酵，无数普通人在微博上获取关注，目光聚集之处，倒逼传统媒体议程设置，改变事件发展进程和主人翁今后的人生轨迹。

“太容易了，只要发一个表情、一个标点就能有人浏览。”广州市民王先生还记得他第一次发送微博的激动心情。对于微博这样一个UGC平台来说，申请账号后，用户可以在平台上畅所欲言，通过点赞、转发、评论表达自己的观点，依据个人兴趣关注或取关。微博通过关系驱动，将信息分发给用户。

“在微博上，你可以什么都不写就转发，强传播是微博产品的天然属性。有趣的评论转发就会成为‘神最右’。”新浪微博副总裁王雅娟表示，微博评论是社交属性体现的集散地，评论区常常变成博主与用户、用户与用户“互撩”的地方。

初代头部用户凋零

网易微博关停，腾讯滔滔退出，搜狐微博沉寂，四大平台微博征战过后，新浪微博幸存。但经历过令人振奋的时光后，2013年，微博由于营销广告泛滥，头部用户的封号、“出走”等原因，遭遇了低迷期。

初代头部用户凋零，带来的是用户和利润的流失。微博公司公布的财报显示，新浪微博2014年第四季度净利润460万美元，较上年同期2160万美元下降79%；全年一共净亏6342万美元。

为了改变这一颓势，微博董事长曹国伟再次明确了微博“社交媒体”的定位，制定了移动化、垂直化和多媒体化三大战略。从2014年起，微博开始扶植“中小V”用户，细分美食、萌宠、游戏、时尚等55个领域，用娱乐化热搜重新盘活微博，并填补头部用户流失带来的内容真空。

2016年，微博更是把握住了网红经济和短视频的风口，重新树立了自己的社交地位。微博副总裁曹增辉表示，微博上粉丝超过100万的明星和网红人群用户数量已超3万。

微博2018年第三季度财报显示，截至2018年9月，微博月活跃用户达4.46亿，商业化继续保持高度活力。而同年12月21日至23日举行的2018年V影响力峰会上，微博发布的会议报告显示，微博粉丝数超过2万或月均阅读量大于10万的头部作者规模在2018年扩大到了70万。其中，粉丝数超过50万或月均阅读量大于1000万的“大V”用户数量接近5万，与微博建立合作的MCN机构达2700家，而微博赋能内容作者的收入规模已经达到268亿元。

但是，微博热搜榜上娱乐新闻屡压重大时政热点，数次爆红热搜也清一色地同娱乐圈有关，过度的娱乐化引起网友的不满，还招致网信办的约谈，微博热搜、热门话题榜、问答功能等板块相继被下线整改。

短视频战争“共振”涅槃重生

2018年，网友在苹果应用商店、安卓市场上发现了一款名为“爱动小视频”的App，据了解这是微博低调开发的一款短视频应用。

在短视频领域，微博一直保持野心。作为短视频领域探路者之一，微博曾经与秒拍、小咖秀合作，成就过一时现象级。但在抖音、快手等短视频新秀的冲击下，Trustdata大数据的《2018年短视频行业发展报告》显示，从应用的月活跃度（MAU）看，第一梯队被头条系的抖音、火山和西瓜占据，秒拍被挤出前十。

“做短视频是大势所趋，因为年轻用户喜欢这种信息获取形式和互动方式。”新浪娱乐事业部总经理陈弋弋表示。微博是年轻人群非常集中的平台，目前，微博上16—25岁的人群在整个活跃用户中占比达61%。

除了爱动小视频，微博还推出了“明星制片人微计划”，强调短视频和头部用户赋能，挖掘明星短视频IP商业潜力。利用短视频这个热门的内容载体，实现明星效应向粉丝群体的最大化延伸，为粉丝经济提供直接的商业化变现方式。目前，该话题已汇聚118.5亿阅读量和1.8亿讨论量。

与抖音、快手争夺短视频市场的动作之余，微博同多平台合作，形成新的信息流入口，达成“共振”。2017年，微博同天猫在年中大促完成“天V计划”，微博开辟“尤物志”呈现达人消费咨询。为了引流。近期，微博入驻微信小程序，借力吸引关注热点时事的轻量级用户。“社交媒体营销已经成为社交电商推广的标配，‘社交+电商’将会是产业链当中最重要的组成部分。”新浪微博副总裁王雅娟表示，社交电商营销的核心不仅要有“精准”或“口碑”，还要通过“社交”把用户消费决策周期从看到广告的几秒钟，拉长到几天甚至几个月。

如今，中国的网民总量跃居世界第一。截至2018年6月，中国网民规模为8.02亿。业内人士预测，这个数字到2022年很可能超过10亿。目前微博用户总量才超过4亿，这意味着仍有潜在用户需要挖掘，微博的故事还在继续。

实 录

新浪董事长兼CEO、微博董事长曹国伟内部信

2019年8月28日，微博十周年之际，新浪董事长兼CEO、微博董事长曹国伟向全体员工发布内部信。

亲爱的各位同学：

今天，我们迎来了新浪的又一个里程碑——微博十岁了。

这些天，#微博十年#的盘点活动上线，网友们纷纷晒出了属于自己的微博记忆，人生中的第一条微博、第一个互粉的好友、互动最多的人……很多人都在感慨，不知不觉中，微博已经陪伴我们十年了。

十年前的今天，微博正式上线了。当我们每个人发出第一条微博、获得第一个关注、得到第一个转发时，我们便爱上了这个随时随地可以分享的社交媒体平台。于是，新浪上下开始全员上阵、全情投入、全力以赴，以all in的决心开启了新浪的第二次创业。那些火热的奋斗场面，至今历历在目。微博迅速引爆了网络，短短八个月时间用户超过了1000万，而不到两年的时间用户就突破了1亿，成为当时中国社会最受瞩目的现象级产品。微博的成功让新浪赶上了移动互联网大潮，也使新浪成为极少数主营业务转型成功的互联网公司。

新浪董事长兼CEO、微博董事长
曹国伟在世界联网大会

十年来，微博攀上过高峰，也经历过低谷，遭遇过重重挑战。五年前，在人们一致不看好的情况下，我们勇敢地走向了资本市场，实现了微博的分拆上市，并以此为契机，开始了新一轮的突破与创新。在之后的三年里，我们抓住了短视频和移动互联网用户下沉的趋势，以坚强的执行力，通过不断的创新，再次创造了互联网时代少有的先例，实现了微博的“二次崛起”。

十年后的今天，微博已经成为中国移动互联网的“国民级”应用，每天都有数以亿计的网友在微博上围观、分享、互动。十年里，我们不断见证着，来自众多普通网友们的点滴力量，通过微博平台汇聚成推动中国社会发展的强大正能量。#冰桶挑战#的善良、#一颗心的生命接力#的感动、#首艘国产航母正式下水#的群情振奋、#中国一点都不能少#的万众一心……能够见证这个伟大的时代并参与其中，是我们的幸运，也是我们的骄傲。以微薄之力，让世界更美，这是我们的初心，更是驱动我们不断前行的动力。

微博十年，是我们勇于突破、敢于创新的十年，也是我们走向成熟的十年。身处互联网行业，激烈的竞争和快速的变化使我们不能有丝毫的懈怠。回顾微博十年发展的历程，我们从来都不惧挑战，敢为人先。今天，站在十年的新起点，我们需要面对的是日益激烈的市场竞争带来的新挑战，而我们需要思考的是技术迭代给我们行业带来的新方向和新机遇。在此，我希望我们的每一位同学永远保有创业的激情和创新的动力，下一个十年，以微博精神，再创辉煌。

微博十年，感谢有你！生日快乐！

曹国伟

2019年8月28日

QQ：后微信时代，QQ 如何拿下 00 后？

关键词 90 后 00 后 PC 端 移动端 公共社区

引 子

“你有几个太阳、几个月亮？”“记得来踩留言板啊！”“你的空间音乐是什么？”——这是80后关于腾讯QQ的“回忆杀”。

但现在，这只19岁的小企鹅早已悄然改变。在移动互联时代，更多95后、00后们在QQ上玩起了“厘米秀”“波洞星球”“坦白说”……

2018年上半年，QQ智能终端的月活用户突破7亿，同比增长7%。值得注意的是，年龄21岁及以下的中国年轻人成为移动互联时代QQ的忠实粉丝，该群体月活跃与日活跃数据均实现两位数增长。

然而此前，“一母同胞”的微信曾一度让QQ陷入生存危机。2011年，微信诞生，借助QQ的8亿成熟关系链飞速成长。2015年11月，微信和WeChat合并月活跃用户量达到6.5亿，超过QQ同期在移动智能终端的6.39亿。

这是PC时代与移动时代的一次较量。从PC端到移动端，为了应对激烈的市场竞争，QQ重新做出战略判断，走上一条不同的赛道——微信构建熟人圈子，QQ则打造公共社区；微信主打商务社交，QQ则注重情感联结。

如今，QQ亮出了新的“杀手锏”：主打年轻用户群体，准确抓住年轻用户个性化突出、标签化显著、自我表达强烈、兴趣多元化、UGC属性强的特征与需求，推出更多针对性功能，与其他社交平台进行差异化竞争。

在现有基础上，QQ如何拿下更多00后？下一步将怎样实现更长远的发展？

与互联网发展齐头并进的产品迭代

诞生于世纪之交的QQ，不仅陪伴了几代中国人的青春，还见证并参与了中国互联网的发展变迁。

PC时代，三波产品迭代让QQ在市场竞争中独占鳌头。2003年

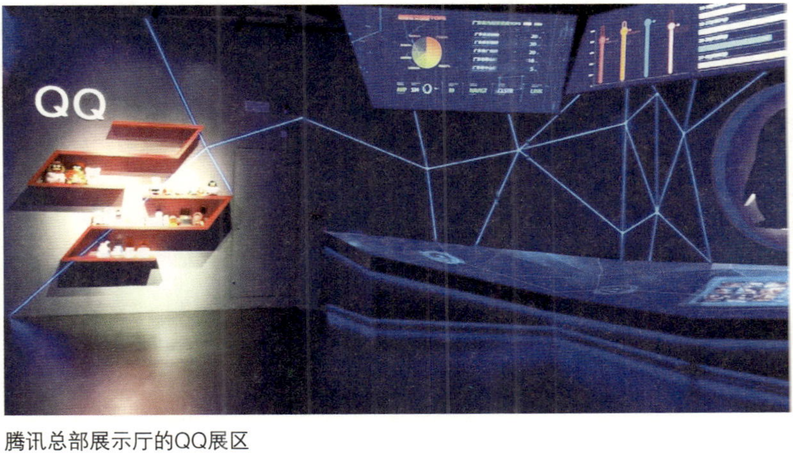

腾讯总部展示厅的QQ展区

的QQ群、2005年的QQ空间，让QQ从一个通信工具“摇身一变”成了社交平台；QQ游戏、QQ音乐等一系列产品的上线，逐步拓展了QQ娱乐生活平台；2007年、2008年文件中转站，离线文件传输等功能的完善，让QQ又一次进军商务办公领域。

随着移动端时代的到来，如何在各种各样的社交软件中吸引用户的注意力，成了QQ必须面对的重要问题。历史常常是相似的，又是三波革新，让QQ再次脱颖而出。

第一波是功能机时代，QQ以WAP的方式提供基础的通信能力，让QQ用户移动起来；第二波是智能机时代，移动端的QQ在功能上开始对齐PC端QQ，让QQ用户可以在PC和手机间无缝切换；第三波是内容消费时代，4G网络加上碎片化时间，让QQ在资讯、直播、短视频、“二次元”、游戏构成内容消费领域有了全新的布局和机会。

根据2018年半年财报，QQ智能终端的月活用户首次突破7亿，同比增长7%，依旧保持着优势地位。

最受年轻人喜爱的社交平台

近几年，人们发现QQ变得越来越“酷潮”了。比如视频聊天时，不仅可以定制卡通人像，还可以搞怪变声。角色装扮、聊天动作、集贴纸等新奇玩法，也从侧面体现了QQ发展壮大的小“秘诀”——找准用户需求，通过快速迭代、小步快跑的方式，不断优化产品。

90后、95后是QQ用户的主力军，00后用户群也日益崛起。因此，年轻化可谓是QQ用户最突出的特征。作为网络原住民，年轻

作者参观QQ展区

用户更加注重线上的社交拓展。他们的社交和审美观念有着明显的特质，即个性化突出、标签化显著、自我表达强烈、兴趣多元化、UGC属性强。此外，与成人用户基于地缘、血缘关系的社交不同，年轻用户的社交偏向以兴趣爱好为主。

基于此，“微视”“QQ看点”“波洞星球”“企鹅电竞”、“兴趣部落”“厘米秀”“坦白说”等一系列针对年轻用户的产品和功能应运而生，同时也取得了明显的成效——集贴纸玩法、个性装扮等多重元素于一体的“厘米秀”上线46天就拥有了1亿用户；集合了“二次元”、游戏、黑科技、美妆等内容的QQ看点有8000万日活用户；QQ动漫的核心“二次元”用户超过5000万。

根据2018年8月15日公布的2018年Q2财报，21岁及以下的QQ用户智能终端月活跃与日活跃数据均实现了两位数的增长，QQ已经成为中国年轻人最喜爱的社交平台。为了防止进入大学和职场的年轻用户的流失，QQ还打造了TIM和腾讯文档，为提升学习和工作效率提供帮助。

靠内容打赢“流量”新战役

如今，“内容为王”得到了越来越多人的认可。QQ也将目光投向了内容消费领域，盘算着如何从内容生态和社交功能入手，满足年轻用户的需求。

直播、短视频、“二次元”、文学、音乐……QQ不断涉足新的领域，进一步贴合年轻人个性化、多样化的内容需求。例如，“鹅漫U品”“波洞星球”都是围绕“二次元”进行的内容生态布局，用户在一个平台上就可完成观看动漫、与同好交流、关注达人、参加漫展、购买周边衍生品等。

“坦白说”、表情红包、双屏互动、实时语音字幕、高能舞室、AI滤镜、大片特效等各种新鲜的社交玩法也不断涌现。QQ基于社交关系链，并结合人脸识别技术、人工智能技术，满足年轻人的交友诉求，并为用户与好友间的互动带来更多新鲜乐趣。

但是近两年，抖音、快手等一批泛娱乐产品的出现分散了年轻用户的注意力。面对来势汹汹的竞争对手，QQ选择顺势加入这场“流量”的较量。

QQ打出了推新和优化的组合拳。随着短视频产品“微视”的上线，QQ多个应用的短视频日播放量均取得了强劲增长，其中QQ看点的视频日播放量环比增长更是超过一倍。最新版的手机QQ中上线了“好友微视”入口，并对“微视”、小视频、空间短视频等资源进行了整合。

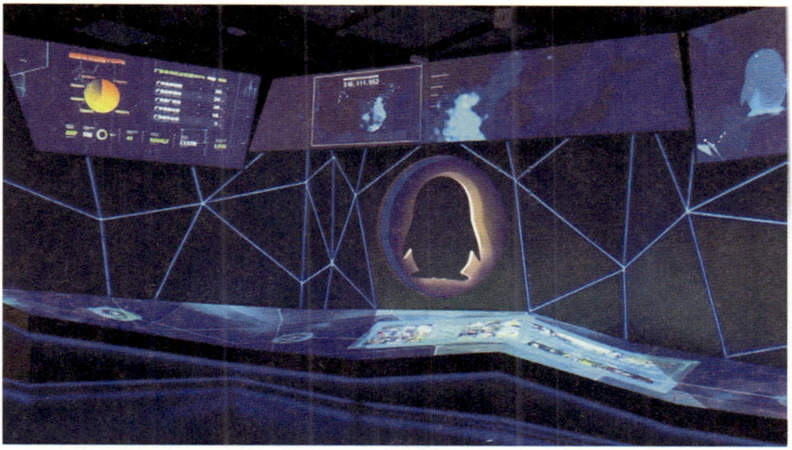

QQ展区上展示的关于QQ的数据

每一个社交软件都要爱惜自己的羽毛，QQ也不例外。QQ花了大力气对违法违规行为进行治理，仅2018年上半年，QQ安全团队共打击有违法违规行为的QQ群8500余个，封停QQ及空间账号5000余个。

2018年，QQ还获得全球领先的数据隐私管理公司TrustArc的权威认证，并取得了其颁布的TRUSTe隐私安全认证标志。这意味着，QQ在用户隐私保护上完全符合国际标准。

Q & A
对话实录

QQ产品总监刘丹：QQ如何赢得00后的市场？

“场景革命”聚集年轻化用户

作　者：目前QQ的用户画像是什么样的？针对用户画像做了哪些产品上的改变？

刘　丹：QQ用户主要集中在90后、95后年龄段，00后用户比例逐年上升。因此，年轻化可以说是QQ用户最大的特质。针对这一群体，我们重点从“场景革命”上改变QQ功能。作为网络原住民，他们更注重线上的社交拓展。在社交和审美观念有明显的特质：更加追求个性化、标签化显著、自我表达强烈、兴趣多元化、UGC属性强。因此，我们推出了“微视”“QQ看点”“波洞星球”“企鹅电竞”“兴趣部落”“厘米秀”等产品和功能，也做了“坦白说”功能激活关系链。

作　者：用户流量从PC端转移到手机端，市面上出现了各种各样的细分类社交软件，QQ如何定位自己？如何在竞争中保持优势？

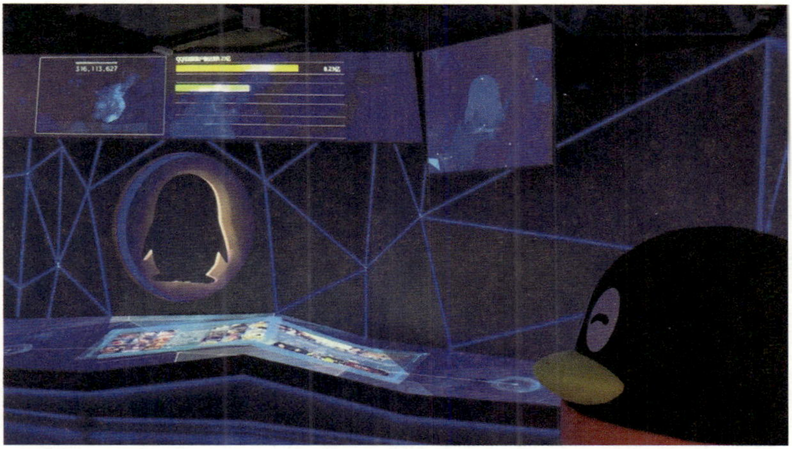

QQ展区一角

刘　丹：在移动互联网时代，QQ的定位是年轻人最喜爱的社交平台。要做到这个定位，需要专注于了解年轻用户的需求，通过快速迭代、小步快跑的方式，不断跟随用户需求的变化来优化产品。只有这样，才有可能在竞争中保持持续的优势。同时，我们也针对走入职场的成人用户，打造了TIM和腾讯文档，提升办公场景下的沟通和协作效率。因此，我们并不担心用户一旦进入大学或工作就会流失，用户依然可以通过QQ的社交关系链，找到适合他们的使用场景。

注重内容监管及信息保护

作　者：由于QQ平台上以年轻人甚至未成年用户居多，你们在内容监管方面是如何处理的？

刘　丹：为了给年轻人营造良好的网络环境，QQ安全团队一直针对色情、暴力、赌博等违法行为和不良信息的传播进行持续打击。对涉事的QQ群及账号，我们一经核实，马上进行处理，决不姑息。对于情节严重者，我们还将提交司法机关，并积极配合警方打击，使犯罪者受到应有的法律制裁。

作　者：此前，Facebook（脸书）的信息泄露的问题引发了大规模的讨论，QQ也曾因个人信息泄露被很多媒体曝光过，针对个人信息保护方面，QQ有怎样的监管及保护措施？

刘　丹：2018年，QQ获得全球领先的数据隐私管理公司TrustArc的权威认证，并取得了其颁布的TRUSTe隐私安全认证标志。这意味着，QQ在用户隐私保护上完全符合国际上严格的标准。

社交功能和内容生态两方面重点提升

作　者：QQ下一阶段的产品战略和布局是怎样的？

刘　丹：总体而言，QQ将结合年轻用户的喜好和需求，从社交功能和内容生态两个重点方向持续提升。社交功能方面，我们发现年轻用户的社交前提已经从“看脸”向“三观匹配”转变，我们基于QQ的社交关系链，推出了“坦白说”，促进良性的社交互动；视频社交已经成为新的趋势，我们也结合人脸识别技术、人工智能技术，不断丰富视频社交的玩法，为用户与好友间的沟通与分享互动带来更多乐趣。未来还将结合AI等新技术，持续优化QQ的社交功能，提升年轻用户的社交“能力”。内容生态方面，我们进一步贴合年轻人个性化、多样化的内容需求，聚焦直播、短视频、“二次元”、文学、音乐等领域，持续提供更加定制化的内容和服务。

作　者：抖音、快手等泛娱乐产品走红，一定程度上抢占了用户时间，同时也强化了自身社交功能。这对QQ的用户流量是否产生冲击？

刘　丹：短视频的崛起，对整个移动互联网行业的流量确实带来了一定影响和改变，这是由用户的新需求所推动产生的行业现象。面对短视频兴起的趋势，QQ所在的腾讯社交网络事业群也在今年推出了短视频产品“微视”，目前效果比较明显，小视频日均播放量增长很快。未来，我们还将继续加大对短视频的投入和支持。目前，我们比较欣赏YouTube，它有丰富多彩的内容，不但赏心悦目，还能给予用户学习和创作的快乐。

/ 侧记 /

再次登录QQ，是因为腾讯宣布将停止运营“QQ宠物”，我要回去见“妞妞”——我的QQ宠物“最后一面”。

然而，时隔多年，我已经没有办法熟练地操作QQ界面，这是一种熟悉又陌生的感觉。来自PC时代的腾讯QQ，占据了80后、90后的青春回忆。随着移动互联网的到来，QQ失去了它的第一批用户。当初，他们一回到家就以最快的速度打开电脑，点击桌面上的“小企鹅”，而现如今扎堆微博、微信。我把QQ留在了PC时代，对我来说，移动端的腾讯QQ是一个新应用。不同于以往简洁的风格，现在打开QQ，五颜六色的字体、泡泡聊天框绚丽夺目，个性化、标签化的特点十分明显。点开QQ的“兴趣部落”，“黑界圈”“语C圈”“古风圈”的粉丝用圈内术语交流，话题量几乎都在30万以上。我才发现，我们可以变老，而QQ还在保持“年轻”。

美团点评：王兴的八年征途，从后发先至到无界扩张

关键词　超级平台　线上线下　团购大战

引　子

2018年9月20日上午，美团点评正式在港交所挂牌，发行价每股69港元，融资326亿港元。此时的美团点评，已经是一个巨大的生活服务平台，覆盖全国700万商家中的接近500万家，包含餐饮外卖、打车、电影票、酒店等200个品类。

终于领导美团点评成功上市的王兴，自2003年开始创业，从校内网、饭否再做到美团，创业生涯可以用“九败一胜”来形容。被饭友亲昵地称为“王村”的他，在饭否上像是一个话痨，简介上写着：“如果我一整天都没看到、想到，或做过什么值得在饭否上说的事，那这一天就太浑浑噩噩了。”

作为美团投资方的今日资本创始人徐新初见王兴便觉得他是个极客，徐新在接受公开采访时表示：“他跟别人聊天时总是瞪着个大眼

睛，很好奇地看着你，让跟他聊的人恨不得把20年学到的东西两个小时给他讲完。”王兴是一个有着极强好奇心的追问者，带着校内网、饭否的遗憾，打造美团铁军并一路向前冲出重围，渐渐走上成王之路。

千团大战的幸存者

2010年，王兴创办了新型团购网站，这个网站最大的特点是每天只卖一件商品，一周只上七个单，涉及吃喝玩乐各个方面，折扣力度惊人。

国内的团购风潮是被美国的Groupon吹起来的。2008年11月Groupon刚刚成立，七个月后便实现了盈利，并且融资1.4亿美元。在明星公司的巨大光环下，竞争接踵而来。拉手、24券、窝窝团、糯米团、聚划算等纷纷上线。到2010年6月，国内的团购网站已经超过了2000家，最高峰时期甚至有5000家。

这时，美团面临的问题是，是把一线城市北上广深全部做透，还是跑马圈地，先去拓展城市？美团做出了关键决定。驾驭着一支狼性的地推团队，美团迅速抢占二、三、四线市场，开拓处女地，将旗帜插在了200多个城市上，奠定了团购网站中第一梯队的位置。

2011年，竞争对手在线下疯狂投放广告，欲将每一位玩家拖入“烧钱大战”的泥潭。但王兴避开了与同行的激烈比拼，选择了线上投放广告的方式，大规模采购线上流量，谨慎高效地花钱。他是一个科技的终极信仰者，所以美团也一直以技术为驱动力。在这个阶段，美团花了大量资金开发移动端和其他系统，以减少销售管理和人力成本。

美团与大众点评合并

另一方面，当大多数公司都在寻找更高毛利的产品以尽快实现盈利时，王兴坚持像沃尔玛那样运营团购，坚持低毛利的策略。“团购就是个低毛利的事情，就像沃尔玛、亚马逊，毛利率都不高，但是能够把规模做得非常大，服务非常多的人，非常稳健，同时竞争壁垒也非常高。”

不出所料，团购资本市场的寒冬迅速来临。冰霜封锁了一大批团购网站后，王兴做了一个看起来孩子气的“壮举”——公示账户上6200万美元，证明自己能挺过可能长达两年的资本冰冻期，并痛斥行业的浮躁。晒账户的效果立竿见影，美团的合作伙伴因此吃了定心丸。2012年初，美团已经稳在行业第一，在千团大战中突出重围，成功上岸，获得安全。然而秉持高科技、低毛利、大规模策略的美团，无法避免销售额增长、利率下降的窘境。具有强烈居安思危思想的王兴，决定另辟蹊径。

打造“吃喝玩乐”的头部

猫眼电影是美团内部创新的第一个案例。猫眼电影成立不久后，美团公布猫眼电影实现了每月30%的增长，销售额占据全国电影票房销售额的9%。艾瑞咨询报告显示，2018年猫眼以61.3%市场占有率稳坐中国在线电影票务市场头把交椅。

王兴打算将猫眼电影的模式复制到其他领域，将目光瞄准了外卖业务。美团如今的核心业务——美团外卖启动于2013年，此时饿了么已经做了五年外卖，同时竞争对手还有美食会、易淘食和淘宝点点，想要突围并不容易。

“时机成熟”是美团选择外卖的原因。在观察中，美团发现多个校园外卖已经开始多校区经营，而且他们并非将经营做到极致才勉强生存，这对外卖行业来说是一个重要的信号。美团凭借骁勇善战的地推团队，开启了野蛮圈地的疯狂之旅。经历了千团大战的腥风血雨，野心勃勃的王兴向外卖领域高歌挺进。

在2015年这个互联网合并大年，大众点评和美团合并，张涛退出了饿了么的董事会，把全部曾经支持饿了么的流量导给美团。在整合之后，美团将大量资源向外卖倾斜，并在2016年底赶超饿了么成为外卖第一。

国家信息中心发布的《中国共享经济发展年度报告（2018）》显示，美团外卖国内市场份额已达62%，长期稳居行业第一。从2013年美团派出37人筹建外卖业务，到现在日完成订单量超过2100万单，美团成功实现了黑马逆袭。

后发先至的不仅仅是外卖，美团的酒店业务也在携程、去哪儿和艺龙三足鼎立的垂直市场中找到了缺口，一头闯入，开辟了自己的战场。

在2013年到2015年的三年间，美团涉足的品类有电影、外卖、餐饮、酒店、景区门票、亲子、婚庆、实物电商等十余类，O2O（线上到线下模式）大火之时，甚至接入了美甲、保洁、修锁、汽车洗护等上门服务。一个以“吃喝玩乐”为头部的美团帝国轮廓日渐明显，但王兴并没有停下扩张的步伐，质疑声蜂拥而来。

无边界的超级平台

2017年，美团在原有的核心业务外，增加了打车、新零售等新业务，不断打破自己的边界，随之陷入四面树敌的困境。美团下一步会做什么，会动到哪家的利益，让人捉摸不透。面对质疑，王兴认为“太多人关注边界，而不关注核心”。自2011年起，他便频繁提到《有限和无限的游戏》这本书，他关于美团的边界和终局思维模式也来源于此。有限游戏以取胜为目的，而无限游戏以延续为目的。“有限游戏在边界内玩，无限游戏却是在和边界，也就是和‘规则’玩，探索改变边界本身。”对王兴来说，就是要把美团投入无限游戏中，让美团继续活下去。

王兴喜欢将美团点评对标亚马逊，亚马逊一度探索手机、Prime领域，不断开拓新业务。美团如果不再在新领域砸钱，也可以迅速实现规模盈利，但短期利润并不是他追求的目标。按照王兴的计划，美团点评将要成为一个“Food+Platform”（食物+平台）的超级平台，覆盖online-offline（线上—线下）的整个消费周期，美团的竞争对手也将升级为阿里巴巴、携程等巨头，抢夺市场资源。在王兴看来，美团有机会成为与阿里巴巴、腾讯一个量级的公司。

2018年的动向里，除了收购摩拜单车外，美团点评还投资了外卖代运营服务商“掌单”、印度外卖点餐速递平台“Swiggy”、口腔医疗信息化管理系统研发商“LinkedCare领健”、酒水B2B（公司对公司业务）电子商务平台“易久批”、KTV在线点歌及K歌直播服务平台“K米”等。不断尝试成了美团身上的标签。

2019年10月8日，美团点评报收每股89港元，盘中触及历史股价新高位89.25港元，市值达5162亿港元（约合658亿美元）。这也意味着，该公司成为仅次于阿里巴巴和腾讯的国内第三大互联网上市公司。

不急于求胜的王兴带领一支铁军又站在了新的出发点，而美团的无限游戏似乎才刚刚开始。

实　录

美团 CEO 王兴：美团下一个十年，要让新一批管理者成长起来

2019年9月底，美团CEO王兴在内部沟通会再次分享《领导梯队》一书，未来十年，美团要让新一批各层级领导者成长起来，这是美团未来竞争力的重要来源。

过去十年，是O2O行业在中国从无到有的十年。美团通过激烈的市场竞争，培养了一批既懂互联网又懂生活服务行业的人才队伍。

互联网上半场，市场红利仍在，业务可以依靠“市场+创新”驱动发展，而进入互联网下半场，已经转化为“领导力+创新”驱动，人才培养就成为重中之重。王兴认为，人是美团的核心资产，持续培育更多的优秀人才，是美团核心的竞争力。

王兴在沟通会上说：“做一年，看三年，想十年。我也一直在思考下一个十年美团应该怎么样，不变的是以客户为中心，我们能服务哪些人，提供什么样的服务，这是从业务的视角去思考。更重要的是从组织使命的角度出发，思考我们怎样能让组织不断迭代、不断增强，怎样能有一波波的人才涌现出来。”

如何培育更多优秀的人才？有些公司依靠“神兵天降”，美团希望在下一个十年，为人才成长提供可靠的组织和制度保障。王兴说：“未来十年，我们要追求更大概率、更大面积的内部人才成长，打造一个高质量的‘人才蓄水池’。”

“二次元”的AB面：A站与B站的“爱恨情仇”

关键词　“二次元”　A站　B站　泛娱乐社区

引　子

近日，哔哩哔哩（简称“B站”）正式与美国探索频道Discovery达成合作，其中包括145部纪录片、200小时的独家内容以及内容共制方面的计划。

从ACG（动画、漫画、游戏）相关视频内容起步，现今发展成为直播、社区视频等服务的综合性内容平台，B站涉及的板块越来越多。2018年3月28日，B站成功在美国纳斯达克证券交易所挂牌上市，开始了加速跑。

如今，越来越多人关注“二次元”。艾媒咨询《2018上半年中国“二次元”市场监测与发展趋势专题研究报告》显示，2018年中国“二次元”用户预计将达2.76亿人，2019年有望增至3.28亿人。

相比于同样以动漫起步的AcFun（下称“A站”），B站就好很多。A站经历了一系列风波之后，在2018年6月被快手全资收购。

同样是以“二次元”文化为主的网站，有相似的发展历程，但是A站和B站的命运却完全不同。

A站：被收购的命运，动荡的“二次元”之路

2007年6月，A站诞生于个人建站，站长是Xilin，名字取意于AnimeComicFun，是国内第一家大型ACG弹幕视频网站。在产品诞生之初，A站模仿日本弹幕网站Niconico，内容主要以搬运视频为主，“二次元”成为A站初期的主基调。

随着用户数量的增加，鬼畜视频、二次创作的视频也陆续出现，原创作者在A站找到展现的平台。当时国内没有较为独立的“二次元”文化聚集地，A站为国内“二次元”人群提供了交流的平台。

虽然A站的漏洞频出，甚至经常看不到视频，但是用户依然乐此不疲。

以搬运和原创“二次元”作品视频为主的A站，商业模式一直不明确。A站不在视频内容中插入广告，很大程度上限制了A站的

A站成为很多年轻人的线上聚集地

盈利收入。2017年中文在线的数据显示，2015年、2016年A站经营收入分别为363.76万元、71.37万元，净利润分别为亏损1.13亿元和亏损1.46亿元，下滑趋势明显。

A站曾经尝试拓展电视剧、直播等方面的业务。在直播方面，A站成功孵化出斗鱼直播，最后斗鱼从A站独立出来。A站错过了一系列发展机会，大量用户不停流失。

此外，A站多次易主，管理层内斗严重，变动频繁，让管理层无心管理。虽然A站开了我国弹幕视频的先河，但是11年来，A站易主七次，高层多次变动让A站定位不清、目标不明。如今快手接盘A站，A站终于能够稳定下来。

2017年6月，由于A站在不具备信息网络传播视听节目许可证的情况下开展视听节目服务，被广电总局通报并要求全面整改。早在2015年12月，A站也因许可证的问题被工信部拉入黑名单。

在A站BUG（程序漏洞）频出、问题无法得到及时解决的时候，B站就出现了。

B站：“Z世代”的泛娱乐社区

从一个垂直日系ACG内容，发展到泛“二次元”ACG，再拓展到现在的“Z世代”泛娱乐聚集区，成立于2009年6月的B站就是这样发展过来的。

B站也诞生于个人建站，徐逸在2009年创建一个个人网站并取名为MikuFans，于2010年更名为Bilibili。早期的A站由于技术不够成熟，经常出现无法访问的问题。自称是A站的后花园的B站出现了，当A站看不到视频的时候，用户可以来B站看。

与A站相比，B站的起步虽然较晚，但是发展很迅速。

从用户数量上看，B站比A站要更好。以ACG文化为核心的B站，吸引了大量的用户。B站2018年Q2财报显示，B站当季平均月活跃用户达到8500万人，同比增长近30%；移动平均月活跃用户达到7140万人，同比增长39%。

如今，B站打造了中国领先的年轻人文化社区。QuestMobile发布的《中国移动互联网2018半年大报告》显示，B站用户中81.2%是“Z世代”人群。“Z世代”是出生于1990—2009年之间的年轻人，是互联网原住民，也是未来消费的主力。

相比于A站不明确的商业模式，B站的营收更显得多元化。B站开设有动画、番剧、游戏、鬼畜、影视等14个板块，建设一个中国“Z世代”的泛娱乐社区。其中，游戏是B站的主要营收来源。B站2018年Q2财报显示，移动游戏在第二季度的营收为人民币7.9亿元，较2017年同期增长61%，占总营收约76.7%。

为了提高用户的黏性，B站从2010年起举行拜年祭，相当于一个“二次元”的春晚，是年轻人一年一度最为期待的文化事件和年末狂欢。哔哩哔哩2018拜年祭的播放次数高达1198.9万次。虽然A站也有春晚，但是点击量远少于B站。

另外，B站也开始在线下举办活动。从2013年起，B站开始举行BML（线下live活动），会有很多UP主（上传者）来表演，是“二次元”群体聚会的大型线下活动。第一届BML和本届BML共有800位观众在现场与bilibili一起干杯。除此之外，B站还举办漫展、游戏展、音乐会等线下活动，还开设B站主题咖啡店。

“二次元”之路在哪里？

A站和B站虽然经历了截然不同的道路，但是“二次元”文化的热度逐渐上升，越来越多人关注。

艾媒咨询《2018上半年中国“二次元”市场监测与发展趋势专题研究报告》显示，2018年中国“二次元”用户预计将达2.76亿人，2019年有望增至3.28亿人。同时，各视频巨头也纷纷加入“二次元”产业。

在“二次元”市场上，B站虽说占据很多的市场份额，但是其他视频巨头也不可忽视。目前，腾讯、爱奇艺、优酷等巨头纷纷加码对动画版权的布局。爱奇艺每月都会公布某些动画的第一弹版权，B站当月的新番就会变少，部分用户就会流失。

版权一直是A站和B站发展的难题。A站因版权问题曾被优酷起诉，而A站几乎没有补救动作，大量的视频遭到下架。2010年，A站创始人Xilin离开后，曾在AcFun贴吧写道：“AcFun一直以来的存在模式，是不合理的，AcFun需要其他的网站提供生存空间，说得明白点，AcFun通过盗用其他网站的资源，一直偷偷摸摸、苟延残喘地活到今天。”

另外，爱奇艺在2018年5月起诉B站未经授权擅自播放其自制综艺《中国有嘻哈》片段。由于版权问题，此前B站上大量国外的影剧资源遭遇下架。为了补救，B站不断购买动画版权、引入新动画。同年9月，国家版权局在京约谈了包括B站在内的15家重点短视频平台企业，不难看出国家对版权问题的重视，试图加强版权制度建设。

此外，由于“二次元”文化是亚文化，整体人群的年龄较小，部分“二次元”可能含有低俗的成分。艾媒大数据舆情监控系统数

2018年3月29日，B站在美国纳斯达克上市

据显示，2018上半年中国主流“二次元”平台“言值”偏低，整体舆情偏负面，B站言论数值只有28.2，A站为24.1。

同时，文化和旅游部在2018年8月开展专项查处工作，严查含有低俗内容的网络文化产品，依法从重查处部分内容违规的网络文化经营单位，组织开展网络动漫、网络音乐市场集中执法检查。A站和B站都被列入检查对象名单。

目前，国内的“二次元”气氛不够浓，“二次元”产业不够完整，仍有大量的人看盗版。在“二次元”产业链中，国内IP的转换有限，不能将IP的价值最大化。

A站和B站的“二次元”之路，仍然不平坦。

Q & A
对话实录

A站CEO刘炎焱：
十年内“二次元”将成为主流

作　者：接任A站后有没有压力？

刘炎焱：可能画风上我不是很标准的CEO，接任A站纯粹是出于兴趣，这件事是我想做的。至于有没有压力，要从不同角度来看。用一句“二次元”的话来说，“打球更喜欢打逆风局”。就好像电影、电视和漫画中，主角出场很少是顺利的，都要经过一番拼搏努力才能成功。

作　者：怎么看待目前视频网站的竞争格局？

刘炎焱：如果加上直播平台，A站应该能跻身前十。前十的玩家，都有机会。但是，没有特点的视频网站一定会在竞争中被淘汰，或者被相似企业合并。当然，各视频网站之间可能相互合并组合，也可能只留下一两家巨头领衔市场。

作　者：如何看待“二次元”文化未来的发展趋势？

刘炎焱：十年之内，无论你是否愿意，“二次元”将成为主流。全世界文娱产业的商业规律，都是跟着年轻人走。文娱产业，年轻就是一切。

[专家锐评]

国家行政学院社会和文化教研部高级经济师郭全中：从 PC 流量大户到超级 App 要过四道关

移动互联网时代，微信、抖音、快手、今日头条等App都拥有庞大的用户群和日活量，运营变现能力也非常强。但它们能否称为超级App目前仍是百家争鸣，未有定论。

我认为，只有跨过四道关，才算是超级App或者准超级App：

1．超级App一定开拓甚至创造了一个新的市场。

2．超级App要拥有规模巨大的用户和日活量。

3．超级App的诞生、爆发和迭代必然根植于先进的“云物移大智”技术。

4．超级App一定拥有精准的运营策略和强大的运营能力。

这四个条件，一定程度上反映了PC端“流量大户”和移动端超级App的区别。两者绝不仅仅是渠道不同，而是有着本质区别，是两种模式、两个时代的竞争。

进入移动互联网时代后，从前专注做PC互联网产品的企业面前有两条路，要么退场，要么转型。

其中，如微博、QQ、美团点评等，非常敏锐地感到挑战来临，通过战略合作、巩固优势、转移用户、研发新技术等多种手段，逐步站稳脚跟，在这场竞争中“涅槃”，进一步发展成为准超级App。它们在PC时代已经开拓了巨大市场，用户基础很强。在PC时代打下的“江山”，是它们成功转型的基础。此外，这些来自PC端的“优胜者”比较灵活，主动引入，善用新技术，并且高度重视运营。

显然，无论是用户量、技术水平或是运营能力，超级App都比都比PC时代的“流量大户”更胜一筹。

从PC端到移动端，实际上是从PC互联网到移动互联网的模式转变，移动互联网的到来把更多的人“圈”进来了。

从技术角度看，PC时代比较单纯依靠电子信息和互联网技术，但现在超级App的发展则基于移动互联网、大数据、人工智能、云计算技术甚至是物联网技术，掌握先进技术的超级App诞生，其实是进行了技术“降维”打击。

其次，从用户角度看，超级App用户数在“量级”上大幅跃升，比如PC时代很多“流量大户”日活量为千万级别，现在已轻松破亿。从运营能力看，PC端更多是基于PC互联网的运营水平，而移动端则是基于移动端的运营能力。

从目前的发展趋势来看，移动端是朝着移动化、数据化、智能化、社交化和服务化的趋势进步的，而PC端在逐渐地衰落。

一个新的时代正在代替旧的时代，PC互联网必然让位于移动互联网。因此，超级App是移动互联网时代的特定产物。只有在市场、技术、用户、运营充分配合、相得益彰的条件下，超级App才会诞生，进而迭代升级。

研究互联网、移动互联网和媒体转型多年，我深感超级App的诞生发展既是对传统媒体的巨大挑战，但也是促进媒体深度转型融合的良好机遇和重要借鉴。

超级App在战场厮杀的同时，传统媒体也面临着转型的压力，基于微博、微信等自媒体的资讯以及生活服务类资讯大大地稀释了单纯新闻的价值。在被互联网包裹的时代，许多媒介融合的经验在各个领域是相通的。

传统媒体最应该借鉴的经验是技术驱动。近年来，许多传统媒体在做转型融合，基本思路仍是“内容+”，即单纯地将内容转移到新媒体平台，或是针对新媒体平台特点推出属于新媒体的原创作品、产品。但这不是真正的技术驱动。

当前在传统媒体的入口价值快速消解的背景下，用户尤其是年轻的用户大量转移到互联网上，导致传统媒体二次销售的商业模式坍塌。因此，要重新快速、深度了解用户需求，思考如何去挖掘、激活甚至创造用户需求，这样才能重建用户连接。

在互联网兴起之前，传统报纸媒体的概念里只有受众，没有用户。我们的报纸杂志只知道自己有多少读者，但不了解每一个用户的个人信息、行为习惯、收入情况、兴趣爱好、人际交往等信息，无法在移动互联网时代建立精准高效的用户连接。这在本质上来看，就是缺少技术驱动思维的体现。因此，现阶段媒体转型融合的重要方向，应是尽快树立内容和技术双驱动的市场化经营模式。

第四章

他与她

App 是有性别的吗？

虎牙直播：
直男最爱的直播平台是如何崛起的?

美图秀秀：从“美颜”到社交，
美图公司如何玩转“她经济”？

IDG 亚洲总裁徐洲：
“她经济”vs“他经济”，消费升级带来的市场细分

虎牙直播：直男最爱的直播平台是如何崛起的？

关键词　直男　电竞　游戏直播

引　子

2018年11月3日，随着IG电子竞技俱乐部夺冠，英雄联盟相关话题迅速引爆神州大地。在这个举国年轻人欢庆的夜晚，我们发现，虎牙直播（下称“虎牙”）App在同一时刻悄悄登顶App Store免费榜的第一名。——这就是当下一个新的时代，一个属于电子竞技和游戏直播的时代。

回顾2013年至2018年这五年，游戏直播在风口与混战中一路高歌猛进。在这期间，不仅有英雄联盟等火爆全球的电竞赛事助推的“甜蜜”，更有各平台不惜重金“烧钱”争抢主播等竞争的“惨烈”。最终，头部平台在“混战”中走向上市，一些知名平台铩羽而归，逐渐退出人们的视野。

2018年5月11日，游戏直播行业赢来关键转折：坐落于广州的虎牙直播率先在纽交所挂牌上市，首日市值超34亿美元，成为“游戏直播第一股”。

游戏直播这场“战役”，从根本上来说，还是一种粉丝经济，即平台通过主播、赛事等内容聚集粉丝和流量，从而获取效益。作为一个从诞生起便面临残酷竞争的新鲜事物，虎牙为何能够冲出重围？打造一款游戏直播产品怎样才能切中要害，成功走向金字塔尖？

移动端崛起：抓住手游直播的机会

游戏直播最先兴起于Web（万维网）端。2013年入学的大学生“宅男”们，已经可以在寝室围着电脑一边撸着串儿一边看游戏比赛。专业的OB视角（观察者视角）以及精彩的弹幕互动，瞬间让大批用户蜂拥而至，一个崭新的产业也由此诞生。艾瑞咨询的报告显示，从2014年到2018年，游戏直播的市场规模翻了30倍以上，用

位于广州的虎牙总部大楼

户规模从0.2亿上涨到2.6亿。

在此期间，随着智能手机和应用的普及，虎牙意识到两个重要的趋势：游戏直播向移动端转移以及手游直播的兴起。为了迎接这两个趋势，2015年，虎牙内部开始将战略资源全部向移动端转移；2016年，虎牙重点加大对手游直播的投入，为移动端的用户增长带来了更大的爆发。

对于手游直播，虎牙主要在开发主播工具和内容运营两个方面重点突破。2016年4月，虎牙专门做了三个月的封闭开发，为手游主播提供最优质的直播工具；在运营上，虎牙一方面为手游直播提供流量方面的倾斜，另一方面联合手游厂商，将直播平台、主播和厂商三条线打通，同时增强内容的输出与传播。到了2016年7月，虎牙迎来手游直播的爆发期，在那时，平台一天的手游直播数量甚至超过5万个。

目前来看，在游戏直播的下半场，手游直播、移动电竞仍然是游戏直播市场的爆发点与增长点。艾瑞咨询发布的《2018年中国电竞行业研究报告》显示，2017年中国电竞市场整体规模突破650亿元，其中移动电竞游戏市场规模在2017年迎来了爆发式增长，截至2017年底，移动电竞市场规模已与端游市场规模占比持平。

得益于手游直播的成功，虎牙目前在游戏直播领域保持着强劲的竞争势头。QuestMobile在2018年半年度报告中称，虎牙在上半年日活跃用户规模复合增长率达到7.6%，在日活跃用户规模1000万以上的App中排名第四，是该榜单TOP20中唯一的游戏直播App。

得主播者得天下

2014年10月，英雄联盟著名上单选手草莓退役后，从一个月薪2万元的职业选手，摇身一变成为年薪500万元的签约游戏主播，顿时引发网友一阵热议。在随后的一年里，“烧钱”成为一种必然，一些平台甚至不惜以高出市场价2—3倍的价格争抢主播。伴随着斗鱼、虎牙、熊猫、战旗等多家平台的入阵，一线主播的年薪从几十万迅速上涨至千万级别，吸金能力令人咋舌。

这就是游戏直播的第一层逻辑：内容建设，即投资主播、赛事版权和自营节目等内容IP。到今天为止，尽管英雄联盟等赛事版权和《God Lie》等自营节目已经可以为虎牙积累起一批忠实粉丝，但主播仍支撑着平台绝大部分的内容。砸钱争抢主播，道理其实和视频网站疯狂砸钱购买影视版权别无二致。

当然，“烧钱”也是有战略的。在“烧钱大战”初期，与一些平台斥巨资引入主播、打造自制综艺节目相比，虎牙并不是最亮眼的那一个。在负责内容运营的虎牙高级副总裁刘靖看来，虽说是“得主播者得天下”，但考虑主播的成本和收益，将包括主播在内的内容IP运营出更大的效益，才是主播之争的关键。

从现实来讲，主播会过气，也会跳槽，前期花费几十亿元资金抢过来的主播，如果留不住，很有可能是为别人“栽树乘凉”，同时在后期造成高成本的重负。而虎牙成功的一个关键，就是在前期“烧钱”的步子没有迈那么大，反而花了更多的功夫在生态变现能力上。在2017年底新一轮的“抢人大战”中，虎牙重新发力，将大量知名主播招至麾下。而这个时候，平台对主播的运营变现能力也更强了，在挖主播时也更有底气。

回过头来看，顶级主播虽有顶级流量，但同时也对平台其他主播的流量造成一定“伤害”。前期缺少一些顶级主播，反而使得虎牙更多腰部、底部的主播能够发展壮大，这也成为虎牙实现盈利的关键。

游戏直播如何“生态化反”？

总结来说，“主播=流量”是一个大家都懂的浅显道理。主播是要买，但换种思路来说，“烧钱”买主播只能算是游戏直播平台最初级的竞争。放长远来看，谁家的钱能烧到最后，其实考验的是平台对用户的留存转化能力。

以虎牙目前公布的财报来看，虎牙作为业内第一家宣布盈利的游戏直播平台，其内部生态的转化能力无可厚非。分析来看，这都得益于虎牙持续对“基础设施”的投入：优质的针对主播的开播工具及服务、不断降低的网络宽带成本以及完善的社区和礼物生态。基于这样的平台生态，虎牙能够在降低成本的同时，有效地激活主播和粉丝，以达到主播依托平台成长、增强粉丝消费黏性的效果。

此外，有生命力的生态还须对平台以外进行投入。如在主播的经纪和运营方面，虎牙没有选择自建经纪公司，而是与公会和经纪公司合作。公会与经纪公司能够帮助虎牙对大量主播进行管理与培训，缩减一定的主播管理成本。其次，公会与经纪公司可以为主播提供专业、垂直的运营活动，增强平台的内容营销能力。

而面对平台如何摆脱对头部主播依赖的问题，虎牙的做法是做强腰部主播，同时增强平台对腰部主播的内容IP营造能力。简单来说，当一个头部主播出现问题，虎牙可以迅速利用腰部力量扶持新

虎牙的员工餐厅

的头部IP，不仅破除了对头部主播的依赖，同时增强了腰部主播的竞争活力。

由此来看，基础投入、第三方合作以及强壮的腰部力量和运营能力，构建了虎牙强大的“生态化反”能力。而从虎牙目前的战略趋势来看，手游直播、直播出海和泛娱乐化，将在未来成为虎牙持续增长的动力。

Q & A
对话实录

虎牙直播高级副总裁刘靖：抓住移动端增长契机

作　者：*游戏直播在网页端非常火爆，后来是什么契机推动虎牙向移动端方面转移的？*

刘　靖：其实这个跟当年的YY直播有关系。YY直播是一个PC上的客户端，但是网页端与PC客户端相比还有很多局限，用户体验不够。到了2014年年终的时候，我们已经意识到App的用户需求，行业中也都在尝试着做，但那个时候有一些技术的难点。到了2014年9月，虎牙App的技术储备就到位了，虎牙直播App正式上线。2015年，我们决定把所有资源往移动端上转移。

作　者：*虎牙在开发移动端之后，经历了怎样的增长？*

刘　靖：2014年8月到2016年，移动端的增长是还不错，有着一年200%的平稳增长。但是到了2016年7月，手游直播开始兴起，直到2017年，出现了一个比较大的爆发期，是远超于市场预期的爆发性的增长。在这期间，我们做了非常多的事情。首先，在手游直播浪潮到来之前，虎牙在2015年7

虎牙直播高级副总裁刘靖

月就已经发布了手游直播工具。其次在运营方面，我们会倾斜于这些手游主播。再者，我们把主播、平台和游戏厂商三条线打通，这样就能产生很多好的内容。这几点综合起来，最终也带来了虎牙手游直播用户的爆发。

作　者：*目前来看，平台的核心资产仍然是主播吗？*

刘　靖：目前来看，我们可以把核心资产定义为包括主播在内的内容IP。但对于平台来说，我们认为第一个核心是怎么提高用户的留存转化，第二个是怎么提高商业变现的能力。这两个是平台真正需要具备的能力，只有在这两个能力上面做到最好，才能够让资产在生态里面循环。

作　者：*在主播经纪这块，虎牙如何从众多主播里挖掘头部主播？*

刘　靖：一是提供比较公平的环境。我们会采用个性化推荐或人气等相关的方式，将优质的主播内容推荐给更多的人。同

虎牙对主播进行安全教育相关培训

时，为所有主播都提供社群运营的工具以及最好的直播工具。二是当竞争到一定的程度，对于非常有发展潜力的主播，我们会跟他进行签约，给予他一些流量扶持、相关内容的建议以及线上直播的培训。在这部分，我们也会在许多第三方经纪公司和公会共同协助下，帮助主播做好直播内容，包括帮他做内容策划，做主播人设等。三是当主播发展到更加完善的程度以后，我们会给予更多协助，包括他的个人包装以及自媒体运营等一系列的全套服务。

作　者：*在主播管理和社区管理方面，您认为管理的难度在哪里？*

刘　靖：24小时不间断，66万主播、上万个直播间、画面和声音多维度的监控等都是直播行业监管的难点。目前，虎牙建立起了7×24小时的内容监管体系，通过“AI+人工”进行全方位的监管，平台也推出了《虎牙主播违规管理办法》《虎牙频道违规管理办法》等内部处理办法，对违规内容第一时间进行严厉处罚；此外，平台定期组织主播进行正能量、爱国主义教育，树立主播的正确的价值观。

/ 侧记 /

虎牙总部和YY在一起，是广州少数位于番禺区的互联网企业。从地理位置上来看，倒是显得自成一派。

初次走进虎牙，扑面而来的是一股热火朝天的“战斗”景象。在走廊的两旁，随处可见一些易拉宝，上面是不同团队优秀员工的月度榜单，主要以市场、运营为主。

在等待采访的时候，我坐在休息区做一些准备，身边到处是正在头脑风暴的员工，隐约听到有人在商讨虎牙的出海业务。

此时的虎牙应该是踌躇满志的。美国当地时间2018年5月11日上午9点30分，虎牙在纽交所成功上市，成为国内第一家上市的游戏直播企业。上市后，在募集到更多资金和名誉的同时，也要面临财报和国内竞争对手的压力。头顶“游戏直播第一股”的虎牙，这些年到底是如何在激烈的竞争中脱颖而出的？这是我们关注的方向。

美图秀秀：从“美颜”到社交，美图公司如何玩转“她经济”？

关键词　“她经济”　美颜　社交　国民P图软件

引　子

“拍照一分钟，P图两小时”“真想永远活在美颜滤镜里”，随着社交网络的飞速发展，美图秀秀几乎成为每个爱美女性的装机必备App。仅仅是动动手指，人人都有机会化平淡自拍照为神奇，在朋友圈收获更多点赞和关注。

2018年9月20日，被誉为“国民P图软件”的美图秀秀完成诞生十年以来的最大一次改版，从单纯的工具平台转型为社区及工具平台：首页一半的入口给了社区内容，并且设置了明显的下滑提醒，鼓励用户从工具消费转移到内容消费，社交需求被提到了最高的优先级。

互联网商业人人皆知的法则是：流量即是营收，美图秀秀则是一个活生生的反例。一直以来，有产品、有流量、没盈利是悬在美图秀秀头顶的达摩克利斯之剑，转型“社交”被视为最后一搏。站在下一个浪潮之巅还是为时已晚？在“她经济”的红海里，美图秀秀正试着给出自己的答案。

“爱美不仅是种需求还是一种信仰，人类有一种爱美的本性。”如是诠释“美”的意义的罗曼·罗兰也许没有想到，在若干年后高速运转的移动互联网时代，美还意味着源源不断的流量和生产力。

2018年9月20日，被誉为“国民P图软件”的美图秀秀完成诞生十年以来的最大一次改版，正式由工具类App向社交平台转型。几乎同一时间，美图公司旗下另一款产品美拍宣布经过三个月的改革，转型“泛知识短视频”取得初步成效。种种举动再次印证了美图公司创始人兼CEO吴欣鸿对下一个十年发展战略的方向和决心——“美和社交”。

十年磨一剑。从2008年上线首款免费图片处理App美图秀秀，到衍生出美颜相机、潮自拍、美妆相机等13个位列修图软件排行榜前排的“美颜App矩阵”，赴港敲锣挂牌上市，率先占领影像美化工具入口的美图公司在移动互联网的浪潮中扶摇直上，奏响了“美丽经济畅想曲”。

然而，当比赛进入下半场，美图公司该如何扭转成名于美图秀秀，生存于美图手机的困局？在前有微博、微信，后有小红书、抖音的竞争格局下，美图秀秀能否凭借庞大的用户量级优势在转型社交的领域中开辟出自己的商业化路径？以上，成为美图秀秀征战下一个十年迫在眉睫的问题。

做最懂女人心的“虚拟化妆品”

“就像人们需要水，需要电，需要食物，美是一种虚拟的必需品。尤其对女性而言，美是数一数二的需求。”学习绘画出身的吴欣鸿深谙“美丽经济”的命门。

2008年，当摄影圈人士仍迷恋于操作繁复精细的Photoshop带来的出色照片处理效果时，诞生于厦门的PC版美图秀秀率先用“美白”“瘦脸”和“祛痘”等选项取代了“白平衡”“正片负冲”和“高ISO降噪”等专业术语，大大降低了普通用户处理照片的门槛，并增加了修图软件的使用频率和场景空间。

此前，如果想拥有一张精修的照片必须通过专业的摄影师或摄影机构才能完成，美图秀秀的横空出世不仅打破了用户传统的拍照习惯，甚至在之后重新定义了网络社交方式。

2011年，美图秀秀移动版正式上线。延续简便、轻量化操作的思路，美图秀秀推出了集瘦脸、放大眼睛、祛黑眼圈等效果于一体的“一键美颜”功能。这些技术包含人脸识别、人脸关键点检测，可以准确找到照片中五官、头发、皮肤、身体的位置并重建人脸3D模型，同时修复画质，光线、噪点被压缩，并都可以一键恢复。最新版本的美图秀秀甚至可以通过人脸识别精准做到“面部重塑”“增高塑形”。

“美图最大的优势在于对女性的理解。”美图公司的产品副总裁陈杰在接受《GQ》杂志专访时表示，他和他的团队买过《女人的起源》一书来研究女性心理，每当研究出一款新的滤镜，办公室里的女同事成为最好的测试对象。“消费者是非常厉害的。这是女性市场最独特的地方，女生对于任何一个调整都非常敏感，甚至超过了我们的产品经理。”吴欣鸿说。

十年里，基于人脸识别、AI算法学习和庞大的用户数据反馈，美图秀秀对于影像处理的审美和操作在上百个版本更替中不断进阶，成为网络世界里最懂女人心的“虚拟化妆品”。极光大数据的统计结果显示，截至2018年5月，美图秀秀的用户保有量高达2.14亿，领先于其他同类产品。

美颜手机，是“红海”还是“蓝海”？

上线短视频App“美拍”，出品美图手机，搭建“美图美铺”电商平台……十年来，通过修图软件入口拿下海量人像数据，美图公司在“美丽经济”的版图上全方位“开疆拓土”，试图构建起覆盖工具、产品、社区、硬件等领域的“美生态”。

然而，广泛涉猎换来的并非遍地开花结果。美图公司2018年上半年财报显示，公司营收为20.52亿元人民币，同比下降5.9%；此前盈利的大头——智能硬件收入14.80亿元，同比大幅下降23.4%；相比2017年底，美图公司月度活跃用户总数（MAU）大幅下滑16%，其中美拍MAU更是大跌56%。

情急之下，“托管”手机业务，转型“泛知识”短视频成为美图“all in社交”的求生之路。2018年11月19日晚，小米集团和美图公司同时发出声明，双方将签订战略合作。此次合作，小米将获得美图手机品牌和相关影像技术，以及大部分智能硬件（与皮肤相关的智能硬件产品除外）的30年全球独家授权。这也意味着，美图公司将停止自主生产和销售手机。

事实上，从历年年报来看，美图公司自2016年底上市至今，包含手机业务在内的智能硬件始终是其主要现金流来源。美图手机不仅实现了盈利，还维持了行业较高的毛利率，为美图公司贡献了稳定的现金流。在吴欣鸿看来，“美图公司2016年能够成功上市，美图手机功不可没”。

美图手机曾是大量年轻、爱美的女性用户的心头好。2013年横空出世之际，美图手机以时尚的外形和自带的美颜功能引起抢购热潮，明星杨颖代言，阿雅、吴宗宪等纷纷站台。不过，随着今年以来国内智能手机行业市场逐渐饱和，美图公司发布的新机型在技术、设计和性价比等方面都缺乏足够亮点，销量开始走向疲软。

如今，“甩掉”手机业务，与小米火速达成合作，或许能助力美图公司在all in社交的路上轻装上阵。

All in社交是否为时已晚?

互联网商业人人皆知的法则是：流量即是营收。

不过，这个规律在美图秀秀的商业逻辑里却一再失灵。从过去几年的财报来看，以互联网软件产品起家的美图公司虽占据修图类App的头部，但营收大头则来自智能硬件（以手机为主）。伴随国内智能手机竞争日益走向白热化，美图公司开始聚焦主业，发力社交，积极拓展互联网业务收入。

2018年9月20日，美图秀秀新版本全面上线。最新改版的美图秀秀首页，不再只是美图工具的天下，美图社区出现在了首页，不需要再进行跳转。兼顾到用户的使用习惯，一些常规的修图工具按钮被挪至首页上方。而在最底部，美图秀秀还加入了极为类似社交软件的底栏，并分成了“首页”“关注”“消息”“我”四大板块。在不少业内人士看来，美图秀秀的这次“all in社交”的转型既包含着初心，也暗藏着几分形势所迫。作为一个工具性软件，与国外同类App Facetune相比，美图秀秀在国内环境下较难实现收费，一旦成为付费软件就将在体量上自我阉割成为小众软件。除此

美图公司创始人兼CEO吴欣鸿在发布会上演讲

之外，信息流等广告成为可行的变现路径，但工具型应用天生“用完即走”，低频+低使用时间，使广告变现的天花板极低，并且容易引起用户反感。

在审美极容易疲劳的时代，面对天天P图、B612、轻颜相机等一系列图片处理类软件的后起之秀，转型社交成为留住用户时间的最好机会。

美图公司表示，做社交的美图秀秀，将改变“用户用工具处理完图片后分享到其他平台”的用户心智，打造一个“从美化图片到分享图片”的社交闭环。偏生活调性的美妆、穿搭、美食、晒物等内容系美图社区主打。

目前，美图秀秀的核心用户正在帮助打造这一社交平台。披露的数据显示，根据抽样结果，美图秀秀核心用户平均每天打开社区8次，使用时长为25分钟，浏览75张图片，“初步建立了社区的心智”。同时，美图将利用一系列机制，让内容形成“生产—分发—消费—互动”的闭环。

“美图秀秀会成为中国图片社交的头部产品，定位更偏向潮流生活，将在微信和微博之外，寻找增量的市场空间。”在吴欣鸿看来，“all in社交”将成为美图公司引领下一个十年的关键。

实　录

美图公司创始人兼 CEO 吴欣鸿：正在形成一个特有的社交生态

“最近这几个月，美图秀秀的社交数据有非常不错的增长，每个月都在创新高。”2019年1月23日，美图公司创始人兼CEO吴欣鸿在公司2019年会上表示，在相对困难的外部环境下，公司2018年的互联网业务收入继续大幅增长，并预计2019年仍会继续增长。

下附吴欣鸿年会演讲节选：

美图公司的同学们：

大家晚上好啊！

这是我和大家一起度过的第十个年会，时间过得好快！2018年，整体经济形势不容乐观，互联网行业进入了寒冬，我们所在的“照片和视频”领域的竞争趋于白热化，美图公司也在过去这一年经受了前所未有的挑战。为了下一个十年的高速发展，我们主动在战略、项目、人员、预算上进行了调整，尽管有阵痛期，但我认为，这是美图公司再次崛起的必经之路。

2017年8月，我们发布了“美和社交”战略，更加聚焦核心业务。到目前为止，这次战略升级取得了很好的效果。

拿我们最核心的产品美图秀秀来说，最近这几个月，美图秀秀的社交数据有非常不错的增长，每个月都在创新高。在美图秀秀的工具基础上，正在形成一个特有的社交生态。

再说说商业化，我们商业化起步很晚，到了2017年底才开始正式启动。2018年全年的互联网收入相比2017年有了大幅增长，我们预计2019年会继续大幅度增长。在相对困难的外部环境下，互联网收入继续大幅度增长，这让我们面对未来有了强大的信心。

公司正在进行人才结构的升级，以应对未来更高速的发展。对于人才的激励，从公司原则来说，我们将不重过程，重结果，不重苦劳，重功劳。完全目标结果导向，有好的结果，一定会有高的激励，真正做到奖惩分明。

[专家锐评]

IDG 亚洲总裁徐洲：“她经济”vs“他经济”，消费升级带来的市场细分

移动互联网时代，“消费+”的消费场景也在不断被构建。在教育部2007年公布的171个汉语新词之中，“她经济”赫然在列，这背后是由女性理财、消费所形成的特有经济现象。

QuestMobile于2019年公布的一份报告显示，2019年1月，我国移动互联网女性人群总体规模5.31亿，占全网46.9%，女性网民月人均使用时长同比增长14.1%。由此可见，中国女性用户数量持续走高，女性消费市场体量庞大，涵盖母婴、女性健康、美容、生鲜等全方位范畴。中国年度消费数据显示，全国七成以上的家庭总消费由女性决策。如今，“她经济”的力量早已延伸到了互联网以及移动互联网中的各个角落。未来，“她经济”将成为产业链条上不可或缺的一环，其重要性将在群体规模、消费能力、使用程度等多方

IDG亚洲总裁徐洲

面体现出来。

女性让商业变得有趣，让营销变得更有存在的必要。换言之，“她经济”的主导力量越来越强。越来越多商家注重深挖女性个性化消费需求，不断利用女性对自我角色的觉醒和重新定位，借助场景化体验，吸引女性消费者，抢占市场。从“将就”到“讲究”，当代女性更加注重生活品质，在“买买买”背后，体现了现代女性独立自主、活出漂亮的生活态度。

几年前，网络上曾流行过一份“消费市场的价值排序”，在这份排序中，消费市场的价值从高到低依次是“少女>儿童>少妇>老人>狗>男人”，男性消费市场垫底。但是，目前有越来越多的迹象表明，一直被传统市场所低估的“他经济”正在崛起。

“他经济”又称男性经济，一般用来描述在经济社会发展过程中，随着男性群体自我意识的觉醒，男性对于自身价值和能力进行了重新定义，他们追求潮流，关注颜值，注重健身和养生等，从而产生了新的消费需求，并给行业带来了新的机会。目前，我国男性移动互联网民月活数量已经达到5.9亿，无论是采用PC端还是移动端进行网购的中国居民，男性消费者占比均超过女性，尤其是有移动购物行为的男性比重在逐年增加。男性消费者线上消费能力并不弱于女性，甚至中上消费能力（高于200元）的男性比例甚至略高于女性，“他经济”正在迅猛占领市场新风口。

“他经济”市场广阔，除了体育、汽车、3C这类传统意义上有明显“男性标签”的消费外，美容、美妆、娱乐、健身等领域的男性消费市场也在增长。这可以在唯品会和京东此前曾联合发布的《中国两性消费趋势报告》中得到体现。目前我国男士护肤品市场已达到百亿元人民币的规模，2019年市场总值将增至154亿元人民币。

未来十年是消费升级的黄金时代，细分领域和新场景下的品牌更新将不断上演。随着社会发展变化对两性分工的影响，“去性别化”的趋势会为消费市场带来更多增量。流行文化和消费主义的兴起为男性女性提供了越来越多同样的物质和精神消费品，两性之间的喜好边界将逐渐模糊，女性对街舞、球鞋、电竞等的喜爱将会不断上涨，男性也开始加入到“爱美大军”中。一边是女子力的进击，另一边是精致男的养成，多元的“反性别消费”正成为年轻消费者发现自我的新途径。

第五章

内与外

国际化与本土化的竞争

Airbnb 爱彼迎：
能否打破硅谷公司入华水土不服的“魔咒”？

小猪短租：
两年内交易额翻 12 倍，如何实现逆袭？

共享经济专家、国家信息中心首席信息师张新红：
中国的共享住宿才刚刚开始

Airbnb 爱彼迎：能否打破硅谷公司入华水土不服的“魔咒”？

关键词　房屋共享　本土化

引　子

全透明的玻璃结构，可带宠物上班的办公空间，以不同地名命名的会议室，坐着、站着、甚至在办公桌旁帐篷里躺着的工程师……旧金山市中心Brannan（布兰南）街888号，这里是Airbnb的全球总部。

凭借“分享一个床位”的最初想法，来自美国硅谷的三个年轻人用9年时间将公司发展到了191个国家350万个房源。2017年3月完成F轮融资后，Airbnb估值达到310亿美元。有消息称，Airbnb计划2020年上市。

在拍下三个创始人经典照片的办公室里，公司联合创始人兼首席战略官Nathan Blecharczyk（以下简称Nathan）接受了我们的采访。他表示，“中国市场足够大，共享房屋企业各有特色”。

高歌猛进的Airbnb在2016年进入中国市场，但本土化之路一直不顺利。短短两年时间，Airbnb换了四位中国区负责人。与此同时，Airbnb还要面对本土的竞争对手，比如小猪短租和途家等，他们比Airbnb更熟悉中国市场。

但Nathan对中国市场充满信心，他表示，将组建本土化团队做好中国市场，预计到2020年，中国将成为Airbnb全球第一大客源市场。

三个合伙人创立Airbnb

Airbnb 最初的创立，只是三个创始人想通过出租充气床来赚点外快。

2007年，一个国际设计师大会要在旧金山举行。Joe Gebbia想了个点子，给Brian Chesky发了封邮件："嘿，兄弟，我想了个办法赚点外快。会议期间，把我们的公寓变成一个提供住宿和早餐的民宿。"于是，他俩买了3个充气床，做了个简单的网站。再之后，他们拉上了以前的室友Nathan Belcharczyk，2008年三人正式创业。直到2009年3月，"Air Bed & Breakfast"（气垫床和早

Airbnb 在旧金山的总部大厅

餐）才简化成为“Airbnb”。

采访中，我们问Nathan是否看过中国电影《中国合伙人》，电影里说“不要和你的好朋友一起创业”。Nathan笑着说他没有看过这部电影，随后表示，“我们三人各不相同，每个人都能为团队作出独特的贡献。过去九年，友谊帮助我们得到彼此的信任和尊重，我们对于公司核心价值观也有共同的信念。”

通过平台连接全世界的人，而不是房子——Airbnb公司的核心价值理念正广泛受到千禧一代的认可。官方数据显示，使用Airbnb的中国用户有83%来自千禧一代，其中80后和90后成为中国市场的核心用户。

在Nathan看来，80后、90后第一次出国旅行的经历和他们父母那辈截然不同，他们更追当地体验，这正与Airbnb不谋而合。“中国千禧一代共计约4亿，已超过了美国的总人口，80后、90后的消费趋势已然成为主流。”

Nathan举了个例子，前年夏天，他以Airbnb房东的身份接待了两名来自中国的女性游客，“她们背着沉重的双肩包，计划开车自驾游览美国西岸的各大国家公园，我觉得实在是太酷了！”据Airbnb官方数据统计，平台上80%的中国用户年龄都在35岁以下。

事实上，不仅是千禧一代，中国游客在出境游市场的整体表现也十分抢眼。国家旅游局数据显示，2016年中国出境游人数达1.22亿人次，同比增长4.3%。对于海外房源充足的Airbnb来说，中国有着巨大的市场空间。

“Airbnb有实力为中国的80后、90后用户提供独的旅行体验。”Nathan表示，中国游客的境外游服务是Airbnb最大的优势所在。

Airbnb进军中国

2015年8月，Airbnb开始进军中国。在最开始的一年，Airbnb在中国的运营重点是为中国游客提供出境游的住宿服务。之后，Airbnb开始布局中国的国内市场，加大投资，让Airbnb更加中国本土化。

Airbnb官网显示，Airbnb在中国的房源数量较2017年增长了125%以上，预计2020年中国将成为Airbnb全球最大客源国。2017年12月，Airbnb联合创始人曾宣布，Airbnb在中国区的房源已经达到15万套。

Airbnb为了进一步拓展中国市场，在2017年3月正式宣布其在中国的名字改为爱彼迎，发音上与Airbnb很相似，寓意为“让爱彼此相迎”。虽然“爱彼迎”引发了众多网友吐槽名字拗口，但是成功让人们记住了Airbnb。

Airbnb 旧金山总部一角

Airbnb还在中国推出“Trips”平台，为旅行者体验当地文化提供建议，重新定义旅行方式。

另外，Airbnb一直为中国本土化而努力。Airbnb已与微信、支付宝等本土支付平台展开合作。同时，平台为客户提供全天候的中文客户服务。此外，Airbnb已经与广州、上海、深圳、重庆等六座城市签署了战略合作协议，与政府合作开拓本地市场，开设办事处。

除此之外，Airbnb还在今年启动了一系列的计划，促进Airbnb的本土化。Airbnb推出了“爱彼迎Plus”，筛选出真正拥有高标准待客之道的房东。另外，还成立了“爱彼迎房东学院”，加大对房东的投入，为社区房东度身定制线上线下培训课程，以帮助房东提升待客之道。Airbnb的这些功能进一步为中国旅行者升级旅行和住宿体验。

目前，中国游客出行选择Airbnb的人数持续上升，知名度不断提高。自2008年以来，已有近1000万人次中国游客选择了Airbnb，其中超过一半的入住人次发生在2017年，在2017年通过Airbnb出行的中国游客人数较上年翻番。艾媒咨询发布的《2018上半年中国在线短租行业监测报告》显示，2018上半年各在线短租App用户认知度排名中，小猪短租位居首位，认知度为5.58，爱彼迎以5.57排列第二，途家和蚂蚁短租位列第三、第四。

但是，中国团队的问题一直困扰着Airbnb。短短两年的时间，Airbnb换了四位中国区负责人。目前，由面包旅行前CEO彭韬担任Airbnb中国总裁。

困难重重的本土化

目前，随着国家政策鼓励和资本的持续加入，在线短租市场前景广阔。中商产业研究院的数据显示，2018年中国在线短租市场规模接近170亿元。

然而，Airbnb在中国本土化的道路上遇到重重的困难。

2017年，有房客爆出Airbnb在台湾的民宿内装有隐藏针孔摄像头的偷拍丑闻。另外，Airbnb在2018年8月初宣布了长城“奇屋一夜”活动。但是，很多国人质疑此举会破坏文物，保护长城古迹的呼声很高。北京延庆区文化事务委员会表示，没有收到审查该竞赛的适当文件，也不支持Airbnb竞赛。最终，Airbnb官方取消该活动。

外资企业想在中国市场占据一席之地，就要避免水土不服的情况。

Airbnb旧金山总部研发人员在工作

除此之外，中国在线短租市场持续升温，Airbnb还要面对本土的竞争对手，它们比Airbnb更熟悉中国市场。根据欧睿国际咨询公司发布的数据显示，2017年，Airbnb只占中国短租市场8.7%的份额，而途家和小猪短租分别占41%和23%，Airbnb在竞争中处于弱势。

对此，Nathan认为Airbnb在中国的市场主要分为两部分；国内游和出境游。对于国内游而言，公司正在迅速发展；对于出境游而言，Airbnb拥有全球网络。

“Airbnb接下来仍然会把重点放在出境游上，到2020年将会把中国打造成为Airbnb全球第一大客源市场。”Nathan表示。

但翻开硬币的另一面，打破传统的共享经济在全球范围普遍面临着用户隐私安全以及当地监管问题。

Airbnb在日本、美国等国家也遭遇到抵制。英国《每日邮报》曾报道称，美国纽约、日本、新加坡和西班牙部分地区开始限制甚至禁止这种短期租赁的形式。当地人称短租平台民宿导致酒店业绩下滑，拉高了长期出租的租金、扰乱了邻里关系。

在种种困难之下，Airbnb的本土化之路还很漫长。

Q & A
对话实录

Airbnb 联合创始人 Nathan：为中国用户量身定制产品

本土化需要和中国合作伙伴共谋发展

作　者：回顾在进军中国市场的过程中，Airbnb遇到最大的挑战是什么？Airbnb做了哪些本土化的产品布局和调整？

Nathan：我认为最大的挑战是——你需要感觉自己是本土的。因为中国的市场非常庞大，具有丰富的互联网生态系统。我们需要和不同的合作伙伴共谋发展。在过去的几年，我们进行了大量的投资，尽可能地使Airbnb更加的本土化。因此，我们与当地的社交网络进行合作、整合，还与中国的支付平台，如支付宝、微信等进行合作。

作　者：中国区CEO葛宏的突然离职引起诸多传言，甚至有对Airbnb中国团队的工作氛围的质疑，也让外界解读成Airbnb在中国“水土不服”，您怎么看？

Nathan：葛宏已经离开Airbnb追求其他机会。我们一直以来对公司内部相互尊重的文化引以为豪，并将继续承诺每位员工都有一个良好的工作氛围。另外，Airbnb在北京设立了一个办公地点，产品研发以及运营团队超过100个人，完全可与总部相提并论。中国团队专门面向中国市场独立设计和研发，为中国用户量身定制产品。

抓住80后、90后千禧一代的核心用户

作　者：您认为中国用户和其他国家的有哪些不同？

Nathan：中国千禧一代拥有探索世界的极大的好奇心，我认为这是中国大部分用户与其他国家用户的不同所在。中国千禧一代共有约4亿人，而Airbnb有83%的中国用户是千禧一代。他们第一次出国旅行的经历和父母辈的经历是截然不同。他们对旅行的追求是想要有更真实的体验，这一点与Airbnb不谋而合，这是我们致力于想要实现的目标。Airbnb为旅客们提供在世界各地与当地居民同住一个屋檐下的机会。

作　者：你有遇过中国的千禧一代吗？

Nathan：有，2016年夏天，我以Airbnb房东的身份接待了两名来自中国的女性游客，她们背着沉重的双肩包，第一次离开中国，来到美国。对当地语言并不熟悉时是很容易产生畏惧的，但是她们计划开车自驾游览美国西岸的各大国家公园，我觉得实在是太酷了！

Airbnb联合创始人Nathan在旧金山的Airbnb总部接受采访

作　者：中国有部电影《中国合伙人》里面说，永远不要和你的好朋友一起创业。但Airbnb三个创始人是好朋友，你们是如何合作的？

Nathan：实际上，我们三人各不相同，每个人都能为团队作出独特的贡献。而当我们一起工作的时候，我们可以取得比我们任何人独立工作都能取得的更好的成效。过去九年，友谊帮助我们得到彼此的信任和尊重，我们对于公司核心价值观也有共同的信念。

怎样应对本土对手"阻击"以及全球各地监管？

作　者：目前，中国房屋共享市场有一些本土企业比如途家、小猪短租，Airbnb如何与他们竞争？

Nathan：中国是一个不断增长的庞大市场。中国市场能为诸多不同的竞争者提供发展空间与策略。因为我们在世界各地分布350万个房源，所以Airbnb一直把发展的重点放在出境旅游上。同理，每一个公司也都专注于他们独特的优势。因为中国市场很庞大，所以各企业没有必要相互竞争，同类企业在中国市场中的状况是相对和谐生长。

作　者：Uber在中国市场的失败，您觉得国外企业进驻中国市场的难度是否都比较大？

Nathan：我非常相信Airbnb能在中国市场取得成功，因为我们有独特的优势并专注于发展这些优势。我们并不将重点放在竞争上，而是着眼于发展我们的优势和强项。我们的优势是我们在全球的500万个家庭组成的房源网络，完全可以使旅行者在世界的任何地方使用Airbnb。

作　者：共享经济在全球范围普遍面临着用户隐私安全以及当地监管问题，Airbnb如何应对监管？

Nathan：Airbnb在191个国家和地区提供服务，将尽力配合当地政府寻求不同的解决方案，避免冲突，强调共赢。在政府监管方面，政府可以从定期的对话开始，既要有开放的思想，也要注重倾听。在不同的市场环境中，政府应确保群众能够通过更简易的方式参与发展和调控，而不是给群众设立过高的门槛与阻碍。

小猪短租：
两年内交易额翻 12 倍，如何实现逆袭？

关键词　短租市场　逆袭　标准化　产业 App

引　子

2018 年 10 月 10 日，小猪短租宣布获得近 3 亿美元的第七轮融资。这意味着，经过六年积淀，小猪短租真正在共享住宿的风口上“飞了起来”。

近年来，“不住酒店住民宿”成了新的潮流。别具匠心的装修、亲切热情的房东、天南海北的朋友，让租客得以在当下快节奏的生活中享受“美与情”的心灵寄托。一时间，各类社交住宿平台应运而生，小猪短租是其中的佼佼者：官方数据显示，截至2018年7月，小猪短租全球房源突破42万套，覆盖国内400座城市以及海外252个目的地，拥有超过3500万活跃用户，在全国超过20座城市设有运营中心，两年内交易额翻12倍……

如今，小猪短租已不再是当初简单的民宿短租在线交易平台，而正逐渐向一个集技术、服务、运营、品牌、生态于一身的产业超级App迈进。

小猪短租联合创始人兼CEO陈驰表示，共享住宿的下半场，关键是标准化和合规化，“从信用体系到入住、安全，都需要一套标准的服务体系去支撑，这是我们关注的重点”。

七个人半年撬动一座城

打开一座城市的共享住宿新市场需要多久？

小猪短租给出的答案是：一支6—7人的小分队，半年就能拿下一座城。

这支小分队分工明确，秩序井然。1—2人率先到城市里寻找优质房东，为打开当地市场形成“种子效应”。接着，设计管理、摄影宣传、智能设备安装和保洁等服务团队也相继到岗，团队合力，快速在市场站稳脚跟。

在高效率的拓展手段和智能的运营方式下，过去两年才能“开辟”的一座城市，如今只需半年就能完成。即使是用户基数大的天津，小猪短租也只用了不到五个月就初步打开市场——尽管在共享住宿行业，小猪短租并非开拓者。Airbnb、Travel Adviser等国际竞争者，每一个都极具挑战性，但凭借快速有效开拓市场的本领，

小猪短租新的办公室

小猪短租迎难而上，成果斐然。

国家信息中心发布的《中国共享经济发展年度报告（2018）》显示，2017年中国共享住宿市场规模增长超过70%。小猪短租的成长步伐与全国市场是一致的——近两年，小猪短租的交易额翻了12倍。

2017年以来，小猪短租深耕与扩张步伐持续加快。

2018年3月，与知名在线旅游平台Agoda建立全球战略伙伴关系，目前双方已开始向对方平台输出优质民宿房源，首批数量预计超过10万套。

2018年4月19日，小猪短租全国第二总部落户成都，并推出全新业务品牌“揽租公社”，创新共享住宿平台模式。

2018年4月24日，小猪短租又与阿里巴巴集团旗下旅行品牌飞猪达成深度战略合作，提供“先住后付”服务，开共享住宿领域“免押先住后付”的先河。

截至2018年7月，小猪短租交出的成绩单十分亮眼——房源已突破42万套，覆盖国内400座个城市和海外252个目的地，服务全球超过3500万的活跃用户。

产业问题才是“终极问题”

“高手环伺”下，小猪短租凭什么突围？秘诀在于解决产业问题。

很多国外平台只停留在搭建信息网络的层面，不愿意为整个产业的发展作出改变，而小猪短租则敢于做“第一个吃螃蟹的人”。从信息沟通、住户安全，到保洁服务、智能设备、信用体系等，小猪短租踏踏实实地搭建了一整套服务体系。

在这一切的背后，是强大的统筹组织能力。因为互联网平台是行业协作、信任的一个组织网络，只有把力量有效地组织起来，才能创造更大的商业价值。小猪短租正是做到了集合一切力量与各方资源并加以利用，最终击中产业痛点，补足产业需求。

平台运营创新也是小猪短租发展的一大亮点。其前台、中台、后台系统一体化程度较高，有效支撑平台运营。

小猪短租前台为线下团队，帮助房东做大量基础工作，并搭建互联网平台基础，通过打标签的方式完成房东画像；后台掌握用户画像、房源特征，判断房东是否具备商业运营条件，比如位置是否合理，服务是否体贴，是否安装智能门锁，是否具备24小时接待能力等；中台则主要负责制定仲裁标准，帮助房东选择最优的运营策略。随着大数据的发展，前台、中台和后台逐渐结合在一起。

黄子韬代言是用户的选择

2018年以来，全国多家卫视的“爆款”综艺节目中频频可见“小猪”的身影。更加夺人眼球的，是小猪短租的新晋代言人黄子韬。

在选择代言人时，公司团队内部曾出现过分歧。老板陈驰的中意人选是“稳重大气”的何炅、黄磊，但这一想法立刻遭到了团队的高票否决。于是，陈驰索性让年轻的团队成员来选定代言人。

经过半年的调研，团队发现小猪短租的主要用户是21岁至28岁的年轻人，身份多为大学生，而且女性居多。他们开始思考，这类用户更喜欢什么气质的明星？

又是一番调研后，他们将目光投向了深受年轻人喜爱的“中二

小猪短租在北京的办公室一景

boy”——90后歌手黄子韬。果然，新代言人一亮相，小猪短租的用户数量便开始疯涨。

在广告投放上，小猪短租也颇费了一番心思。比如在腾讯视频进行广告投放时，就会事先进行精准的人群细分，争取在不同网络入口全面覆盖目标用户人群。

事实上，包括聘请代言人等行动在内，小猪短租通过品牌运营获取用户的成本颇高。因为小猪短租所秉持的并不是一般的“发传单”获客逻辑，而是更加信赖长远的品牌战略。

在通过算法进行促销、扩大用户规模的基础上，小猪短租期待的是用硬服务黏住用户。因为打响品牌的基础是产品和运营，否则品牌就是空中楼阁。

小猪短租的发展目标是依托移动互联网技术，打造以房屋住宿分享为核心的生态体系，争取实现再次扩张。因此，小猪短租未来将采取的动作是通过移动互联网打通产业壁垒，实现生产协作，建立信任体系，搭建产销平台，最终激活产业价值。

Q & A
对话实录

小猪短租联合创始人兼CEO陈驰：共享住宿的下半场是标准化和合规化

作　者：*小猪短租的运营能力是如何构建起来的？*

陈　驰：我们现在将平台系统分为前台、中台和后台三个部分。随着平台的不断成熟，我们从最初的线下运营逐渐分化出中台标准和后台调度。在业务开拓期，我们更多靠前台的线下团队，他们帮房东做很多基础工作，同时通过积累房东规模来搭建互联网平台基础；后台掌握用户画像、房源特征，从而判断房东是否具备商业运营的条件；中台实际上是最后分化出来的部分，主要负责制定仲裁标准来帮助房东制定运营策略。

作　者：*在扩大用户量、增加用户活跃度方面，有何经验分享？*

陈　驰：App是移动互联网的产物，它的发展需要充分发挥原始用户的社会网络，实现裂变效应，从而不断扩大用户规模。比如说新用户注册，我们会通过促销等方式奖励他的分享行为。

小猪短租联合创始人兼CEO陈驰

作　者：*您认为产品运营应该怎样优化？*

陈　驰：我认为重点在于内容和用户的匹配。但如果内容本身的厚度不够，也就是信息池不够深，那么算法发挥的空间也有限。总而言之，信息的价值不会自己浮上来。不论是人工编辑还是算法推送，都要帮助信息和用户对接，这样才能创造黏性，形成媒介依赖，从而搭建盈利循环。

作　者：*刚才我们先后谈到了小猪短租的产品、运营和品牌。您是如何理解这三者之间的关系？*

陈　驰：我觉得运营和产品还是基础，没有这个基础，品牌就是空中楼阁。很多国外平台只停留在搭建信息网络的层面，不愿意为整个产业的发展作出改变，而小猪短租则敢于做“第一个吃螃蟹的人”。从信息沟通、住户安全，到保洁服务、智能设备、信用体系等，小猪短租踏踏实实地搭建了一整套服务体系。

作　者：*您认为房屋共享未来发展趋势是怎样的？*

陈　驰：因为互联网平台是行业协作、信任的一个组织网络，只有把力量有效地组织起来，才能创造更大的商业价值。小猪短租正是做到了集合各方资源并加以利用，最终击中产业痛点，补足产业需求。共享房屋的本质是产业互联网，未来的趋势是通过互联网打通产业壁垒，实现生产协作，建立信任体系。

[专家锐评]

共享经济专家、国家信息中心首席信息师张新红：中国的共享住宿才刚刚开始

这几年基于互联网的平台经济劲力十足，最为抢眼的当然非共享经济莫属。共享经济发端于美国，但将这个故事讲得最精彩的还是中国。十年的快速发展已经取得了很大成绩，但总体上看，中国的共享经济也只能算是处在起飞阶段。从这个意义上看，共享住宿才刚刚开始。

2018年，中国共享住宿市场交易额达到165亿元，主要平台房源总量约350万套，服务提供者人数超过400万人，使用者人数接近8000万人。无论是从总量还是速度看，这些数据都很耀眼，但与中国的实际需求和市场潜力相比却是微不足道的。

中国现在的网民数量已经超过8亿，将来有可能会达到14亿，但现在每年使用过共享民宿的人数占现有网民总量的比重还不足

10%。由于多种原因，很多城市居民家庭拥有不止一套住房，目前用于共享的只是其中很小很小的一部分。农村居民外出打工者有两亿多人，他们赚了钱就在家乡盖房子，但却很少回去居住，这些房源如果能用来共享，将是一个很庞大的数量。

目前的共享住宿还主要体现在满足旅游需求上，这个市场的潜力本身就很大。从旅游观光，到休闲度假，再到养老旅居，对共享住宿的需求会越来越大、越来越强烈。当然，还会有更多的变化发生。如果将来条件更加成熟，大部分居民都不会一生只住在自己的住房里，他们会因为孩子上学、老人就医、工作变动等随时有可能选择换一个地方居住——把自己的房子共享出去，同时共享别人的住房。拥有不再重要，想住哪里就能住哪里才是重要的。中国已经进入老龄社会，越来越多的人退休后会选择到更清静、更宜居的地方居住，甚至不同的季节选择不同的地方居住，变成不折不扣的“候人”。

根据《中国共享住宿发展报告2019》的预测，未来几年，中国共享住宿市场规模将会每年增长50%，是值得期待的。也许，用不了多久，所有能共享的房屋都会被共享，所有能共享的人群都会选择共享。

也许正是看到了未来的潜力，以及对共同营造良好发展环境的渴望，才有了现在共享住宿领域里的和平共处氛围。最近几年，来自国外的Airbnb爱彼迎，与中国本土品牌小猪短租、途家、榛果等房屋共享平台都有了长足发展。

相比于优步（Uber）、谷歌、亚马逊等其他国外互联网公司，Airbnb爱彼迎在中国的发展算是非常顺利。即便是与国内的房屋短租企业相比，爱彼迎的成功也是值得肯定的，说它在中国遭遇“水土不服”可能是一种误读。从房源量看，爱彼迎只用了三年左右的时间就在中国拥有了20多万套房源，而中国的房屋短租平台实现这样的目标一般都用了8—10年。从认知度看，在中国关注共享经济、使用房屋短租平台的用户中，不知道爱彼迎的应该不多了。从成长性看，爱彼迎进入中国以来一直保持着稳健的增长，在2018年后开始发力，增速在3倍以上。

总体来看，爱彼迎在中国的本土化是十分明显的。爱彼迎在中国设立了全球最大的运营团队，改用了中文名称，推出了“爱彼迎Plus”。爱彼迎能在中国取得这么好的成绩，不仅因为中国市场大、环境好，其自身的定位和策略选择也很重要。一是稳扎稳打，不急于求成。爱彼迎2008年就成立了，在全球很多地方都有了较好发展之后，才于2015年进入中国，而且把重点放在吸引中国游客到国外去使用他们的资源和服务，而不是急于在中国拓展房源。二是着眼未来，不急于把竞争作为主要目标。把全球经验用于中国，把中国经验用于全球；把全球的客户带到中国，把中国的客户带到全球。正如Nathan所说的那样，他们并不将重点放在竞争上，而是着眼于发展他们的优势和强项。三是注重合作与沟通。到目前为止，还没有听说爱彼迎与中国哪个地方产生了激烈冲突。

中国企业应该向爱彼迎学习，他们在全球化、与政府合作、专注于提升用户体验、处理好合作与竞争关系等方面的经验值得好好借鉴。当然，爱彼迎也在向中国企业学习，相信他们在中国取得的经验对其在全球的发展也非常有帮助。

中国房屋短租发展还处于发展初期，未来成长空间还很大。爱彼迎需要中国，中国也需要爱彼迎。在本土化过程中，无论国外公司走进来，还是中国企业走出去，如何做到并坚守“帮忙不添乱”

都十分重要。

共享住宿领域会不会缔造出超级App？答案应该是肯定的。谁会成为共享住宿领域里的超级App呢？这个问题只能由时间来回答了，一个或多个都有可能。

第六章

你与我

客户端的不同发展视角

今日头条：
张一鸣的 App 工厂？今日头条的危与机

“南方 +”：
省级党报客户端媒体融合怎么做?

暨南大学新闻与传播学院院长范以锦：
走好自己的路，做最好的自己

今日头条：
张一鸣的App工厂？今日头条的危与机

关键词　数据挖掘　算法推荐　App 工厂　侵权

引　子

2019年新春伊始，一篇名为《张一鸣的App工厂》的文章在朋友圈引发刷屏。文章指出，这家公司批量生产App能力如此之强，而且历史成绩显示，核心产品成功的概率很大。

欢迎来到张一鸣的App工厂。头条系到底有多少个App？听到这个问题，一位字节跳动内部人士有些为难地笑了：“不知道，反正很多。”不止是他，在这里工作的大多数都不清楚具体数字。

此前，有消息传出，今日头条正进行750亿美元估值的私募融资。市场反馈热烈，富达等知名长线基金将参与本轮融资。

2012年8月，今日头条App横空出世，凭借着“强势”的算法，迅速占领了一大部分的市场。2017年，今日头条经过五年的快速发展，如今已经跻身新闻资讯客户端第一阵营。

今日头条是一款基于数据挖掘技术的个性化推荐引擎产品，为用户推荐有价值的、个性化的信息。QuestMobile的数据显示，截至2019年6月，今日头条日活跃用户数量达9637万，在网络新闻类中排列第二，仅次于腾讯新闻。即使今日头条面对大量的质疑，但它已经成为不可忽视的新闻资讯平台。

基于大数据的精准营销

在信息大爆炸的时代，算法已经逐渐成为大部分软件的标配，其技术也日益成熟，同时也带来了质疑与挑战。

能从互联网巨头、门户网站等地方瓜分部分的用户流量，今日头条主要是靠算法。

今日头条算法推荐系统，主要有三个维度的变量，分别为内容特征、用户特征和环境特征。2018年1月，今日头条公开了它的算法原理，让算法变得透明，消除各界对算法的误解。今日头条之所

今日头条办公室大楼一景

以能够迅速成为热门的资讯客户端，在于它颠覆了传统媒体和门户网站的信息分发模式。今日头条会根据用户的使用习惯和兴趣爱好，在海量的资讯中，向用户智能地、精准地、个性化地推送信息，不需要用户自己搜索查找，减少用户查找的时间。

在投其所好的算法推荐情况下，今日头条能够迅速吸引并积累一大批用户，领先其他同类软件，与其他互联网企业抗衡。《2018年Q2移动互联网行业数据研究报告》显示，2018年Q2的新闻资讯领域中，今日头条以23.5%的渗透率位列第二，6月DAU均值达1.072亿，环比增长31.5%，是前10名App中最多的。

今日头条利用大数据进行精准投放广告和推送文章，极度地放大了用户最感兴趣和关心的内容，打造个性化的新闻平台。

随着互联网技术的不断发展，移动终端的用户数量已经超过了客户端的用户量，因此多媒体化是新闻资讯类App的发展趋势。CNNIC（中国互联网络信息中心）发布的第42次《中国互联网络发展状况统计报告》显示，截至2018年6月30日，我国网民规模达8.02亿，手机网民规模达7.88亿，上半年新增手机网民3509万人，较2017年末增加4.7%，网民中使用手机上网人群的占比由2017年的97.5%提升至98.3%。

今日头条也逐渐向多媒体的方向发展。今日头条不再满足于图文信息，还将视频板块单独拿出来，在今日头条App的首页顶部菜单处就有“视频”和“小视频”的标签，分别放在第四位和第五位。另外，在App的底部导航处有西瓜视频和小视频的入口。

遭遇一系列的风波

“我们不生产新闻，我们是新闻的搬运工”，今日头条曾经这样标榜自己。

2018年10月9日，搜狐起诉百度网盘和今日头条网站中存在大量搜狐视频网络剧《我在大理寺当宠物》侵权盗版内容，请求法院判令百度网盘和今日头条停止侵权，并要求赔偿1000万元。今日头条被告侵权已经不是第一次，在未经版权许可的情况之下就“搬运”媒体内容，并在此基础上建立了商业模式，获取利益，从而遭到传统媒体和门户网站的围攻。

除此之外，腾讯与今日头条的恩怨已久，从流量之争到版权之争，再到多次对簿公堂。2018年4月，腾讯官方宣布，在短视频整治期间，微信和QQ将屏蔽含微视、快手、抖音、西瓜视频等在内的所有短视频应用链接。同年6月，今日头条公布腾讯公司的“不正当竞争行为”的事实。

对于今日头条自身来说，除了面对外界的危机，还要面对平台自身的治理问题。今日头条旗下头条号平台进一步加强打击搬运号力度，为了保护原创，头条号2018年10月10日发出公告称，2018年9月，头条号对3591个违规账号进行了扣分禁言、账号封禁等不同程度的处罚，同时对443个多次侵权、违规情节恶劣的违规账号予以永久封禁。这组数据背后，能够看出今日头条的治理力度。

同时，针对网络转载版权专项整治中发现的突出的版权问题，国家版权局于2018年9月29日在京约谈了包括今日头条在内的13家网络服务商，不难看出国家对版权维护的决心。此前，今日头条也因别的事情遭遇约谈、App下架等事件，内外压力同样也不容乐观。

“全家桶”式布局

近年来，今日头条一直在开展多维度防守反攻，全面布局短视频、社交、问答等领域，并不断地扩展业务边界。

针对原创稿件创作力不足、质量不齐的问题，今日头条先后发布资金扶植、激励计划、青云计划等一系列针对优质原创内容的扶持举措，吸引更多的内容创作者加入其平台，以此弱化长久以来的“搬运工”形象。

同时，今日头条推出了开放的内容创作与分发平台“头条号”，帮助内容生产者获得更多的曝光和关注。2017今日头条创作者大会透露，今日头条头条号账号总数在2017年已经超过120万，平均每天发布50万条内容，创造超过48亿次的内容消费。

今日头条不再满足于资讯分发的领域，野心越来越大，进行了全球化的布局。QuestMobile的数据显示，2018年上半年，今日头条系独立App用户使用时长占比从3.9%猛增到10.1%，增长了1.6倍，总使用时长排第二名，超过百度系和阿里系，而第一名的腾讯系独立App总使用时长下降。

对内，以今日头条为基础，孵化了一系列的产品。短视频方面，对标快手，孵化了抖音、西瓜视频、火山小视频和快拍；问答领域，抗衡微博与知乎，孵化了悟空问答；内容生产方面，对标微信公众号，孵化了自媒体平台头条号等，今日头条凭借其流量和分发能力不断孵化出新产品。

对外，今日头条以投资、收购的方式猎取头部内容，收购图虫，投资快看漫画等，扩展图片、漫画等新领域，覆盖多种类的用户，打造垂直领域。

除了多元化的布局，今日头条还进行了全球化的布局，先后推出了海外版今日头条和短视频产品矩阵，收购海外产品，让字节跳动全球化。以抖音为例，2018年7月16日抖音官方宣布，抖音全球月活跃用户数超过5亿。

如今，今日头条开始了一系列的社交化布局。在2017年底，张一鸣在今日头条创作者大会上宣布推出“千人百万粉计划”，今日头条将从智能推荐走向智能社交，帮助更多创作者成功。在智能社交的模式下，创作者和和粉丝之间增加了互动的机会，从而增加了黏性和认同度，产生更多的付费用户。

今日头条“全家桶”产品已经逐渐占领大多数人的时间，并不断完善它的产品矩阵。在2018年字节跳动的年会上，张一鸣宣布今日头条2018年的关键词是“全球化”。目前，今日头条已经逐渐完善全球化的布局。

实 录

今日头条CEO张一鸣：
用户生产模式下的媒体内容生产才是真的"内容为王"

这是我第三次站在创作者大会的舞台上，我还记得我们在2015年9月第一届创作者大会上公布了千人万元原创扶持计划，那时头条号的账号总数是3.5万个，平均每天创造5.1亿次内容消费。2016年9月，在第二届创作者大会上，我们宣布拿出至少10亿元，分给头条号上的短视频创作者。这时，头条号总数达到30万，每天创造18亿次内容消费。

2017年10月，头条号平台有超过120万头条号，平均每天发布50万条内容，创造超过48亿次的内容消费。

我们非常骄傲地说，经过三年多的茁壮成长，头条号平台已成为第一智能内容平台，这份荣耀属于每一位头条号作者。

现在，当我们谈论今日头条的创作者，已经不仅是百万个头条号作者，更包括来自美国、巴西、日本、印尼等全球各个国家1亿多作者，他们是微头条用户、悟空问答的用户、抖音达人、火山小视频的用户、内涵段子的段友、musical.ly的用户、topbuzz作者、图虫摄影师。他们每天在今日头条以及旗下的平台上记录与创作，分享与交流。他们自己，就是内容本身。

如果没有每一位创作者，就没有今日头条取得的成绩。我郑重地对你们说一句：谢谢！

今天，我想和大家分享两件事：一是2016年9月，我们说短视频是下一个内容风口，今日头条将用10亿元扶持短视频创作，那么我们做到了多少？二是为了帮助更多创作者获得更多的价值，今日头条接下来打算做哪些事情？

过去的一年，我相信在座的各位都看到了短视频掀起的一场内容飓风。2016年9月，我和我的同事还在激烈争论到底什么是短视频，但今天，短视频的赛道已经清晰，在整个内容行业，没有人不谈论短视频。

上一届创作者大会时，今日头条就已经是国内最大的短视频平台。2017年，在今日头条平台上，短视频的风还在刮。

10亿元，是我们2016年承诺用于扶持短视频创作者的金额。但实际上，我们投入的金额已经远远超过10亿元。因为其他平台的数据有些夸张，我就不说具体数字了。我相信大家都能从这一年今日头条的行动感受到，10亿元扶持短视频不是一句简单的口号。

到2017年10月，今日头条加上西瓜视频的日均视频播放量达到30亿，相比2016年9月的10亿，增长200%。

在超过1亿的头条日活跃用户中，平均每个用户每天消费28条短视频，比2016年9月增长了86.67%。

短视频已经是头条用户最喜爱的内容体裁，等到几年后回头看，我们可能会发现短视频可能改变了头条用户，甚至是所有互联网用户的消费习惯。

当我们2016年公布10亿元短视频计划时，很多同行认为我们只是一个口头承诺。而当看到短视频真的来了，我们很兴奋，也很荣和每一个短视频创作者共同掀起了这一场行业飓风。

在内容变现的这个漏斗中，每个环节都依附着几种变现方式：基于流量，有广告分成和平台补贴两种方式。基于粉丝，有商业植入、电商导购两种形式。有了大量粉丝，就进入到了用户这个阶段。粉丝变成了作者的客户，出现了电商、直播打赏、内容付费等几种形式。今日头条此前在流量和粉丝的变现环节都有一些尝试，例如头条广告分成、千人万元签约、商品功能等。

虽然从流量到粉丝到付费用户的数量越来越少，但付费用户才是内容变现环节中最有价值的部分。内容付费，是今年以来备受关注的变现方式，我们也非常看好。接下来，今日头条也会在内容付费领域进行尝试。

未来一年，今日头条会竭力帮助各位创作者们，不仅获得更多粉丝，还有通过更多方式实现变现。

（摘选自2017年今日头条创作者大会上的演讲）

“南方+”：省级党报客户端媒体融合怎么做?

关键词　媒体融合　党报客户端　爆款新闻产品　新媒体风口

引　子

2018年10月底，世纪瞩目的跨海“巨龙”港珠澳大桥正式通车。这波万众期待的新闻“热浪”迅速传导至“南方+”客户端，当月，271个“南方号”发布近600篇港珠澳大桥相关新闻。与此同时，“南方号”入驻单位数量再创新高，接近4600个。这些“南方号”10月共发布46 304篇稿件。

背靠南方报业传媒集团，“权威发布+核心资源+新媒体创意”成为“南方+”客户端探索媒体融合转型的“三板斧”。

近年来，“南方+”充分发挥《南方日报》权威主流媒体优势，挖掘核心高端资源，大量应用短视频、H5和视频直播、虚拟现实等新技术，推出标杆性、现象级产品：“两会TALKS”视频、《Bay's Link》港珠澳大桥双语MV、《1分钟看洋老广的一天》……一个个融合转型的“爆款”产品，让“南方+”客户端持续壮大。

“广东权威发布的移动平台”

2014年至2015年，传统媒体掀起转型高潮，以《人民日报》为代表，全国报纸开始密集推出自己的新闻客户端。人民网研究院发布的《2015中国媒体移动传播指数报告》显示，截至2015年12月底，中国排名前100的报纸中，只有11家没有自有客户端。

“南方+”就在转型大潮中诞生。

创始团队调研了当时国内多个新闻客户端，一类是《人民日报》、新华社等官方媒体转型而来的客户端；一类是从《东方早报》等都市类媒体衍生而来，如澎湃新闻，转型更加彻底，基本上整个报纸都转了过去；还有一类是从互联网公司直接创业或转型而来，如网易、腾讯、今日头条等。

综合考虑各家所长，“南方+”决定坚持核心，取长补短。核心源自《南方日报》“高度决定影响力”的理念，“南方+”开设至今，始终坚持“广东权威发布的移动平台”定位，并打造成南方报业官方客户端，保持权威性与高端性。

当前，南方报业传媒集团正按照“深度融合、全面转型”的行动路径，努力建设智慧型文化传媒集团，“南方+”是最重要的平台和抓手。数年快速发展间，“南方+”以互联网思维重新建构融媒体生态系统，逐步建立以用户数据为核心、多元产品为基础、多个终端为平台、深度服务为延伸的全新的开放、共享、智能化系统。

截至2019年10月，“南方+”下载量达到6000万。与纯粹市场化的商业媒体不同，商业媒体需要投入大量资金、人力来增加下载量，但“南方+”依托报业集团资源，充分发挥报网端联动优势，开展线上线下相结合的活动吸引核心用户。权威发布、高端定位、

“南方+”融媒体中心一角

报业资源，决定了“南方+”在提供服务功能方面也有着独特优势。“整个过程中，我们坚持报网端融合，不断地发掘到底哪些资源是用户最需要的，哪些入口是我们独有的。”“南方+”客户端副总编辑、首席内容官罗彦军说。

比如“交党费”服务功能就是由“南方+”自行开发的，并于2018年下半年接入“粤省事”小程序，与广东“数字政府”建设形成生态。

“以前《南方日报》是一张纸，无法把线上和线下连接打通。但现在，可以与‘南方+’的线上服务能力连接起来，这是一种网端推进服务的方式，也是一种核心优势。”罗彦军认为。

“南方号”月均阅读量超过4000万

在微信公众号、头条号等自媒体平台以较低的门槛吸引内容生产者进驻并快速抢占流量的同时，传统媒体该如何借助自身优势，实现差异化竞争？

搭建南方号平台、发展政务直播、打造新媒体实验室成为“南方+”的三大核心武器。

2016年10月，“南方+”客户端推出广东权威发布新媒体平台——“南方号”。该平台专注于聚合全省政务新媒体资源，即时发布权威可信的真实信息，传递党和政府的声音，挤压谣言生存空间。

当前，南方报业正不断深化与广东全省政务新媒体的交流合作，以“南方号”为抓手，在服务入驻机构、赋能入驻机构的过程中，实现集团优质资源与全省政务信息资源的有机融合，构建政媒融合共生的新生态。

“与公众号、头条号相比，我们最大的不同在于面向主体是机构而不是个人，因此，我们的内容来源往往更准确、更权威。”据介绍，在广东，“南方号”已成为政务新媒体的主要聚合平台和流量入口之一。

目前，“南方号”已全面覆盖广东省21个地级以上市党政机关，全省人社、公安、司法行政、地税、国资、工商等多个系统的省、市、区（县）三级政务新媒体也都集体入驻了“南方号”。

运营近三年来，“南方号”平台适时设置热点议题，协调引导各入驻新媒体参与重大主题宣传报道。在2018年全国“两会”和省党代会期间，“南方号”各入驻单位共发布相关文章1600余篇，总点击量超过3000万，“广东发布”“惠州发布”“广东检察”“广

互动新闻栏目、职业体验式短视频节目《学徒》，点击量再创新高，获得省委宣传部表扬

东教育”等优秀“南方号”屡屡获得“10万+”的点击量。

此外，“南方+”还充分发挥“南方号”的平台赋能作用，支持帮助广东各级政务新媒体提升服务水平。“南方+”为所有入驻单位免费提供新媒体多功能编辑后台，不仅支持入驻单位编辑发布新媒体作品，还具备传播效果统计分析功能，帮助政务新媒体运营人员快速查询、跟踪自身账号的运营数据。和专业研究机构共同制作、发布“南方号”影响力排行榜，促成政务新媒体良性竞争。通过组建数十个“南方号”矩阵运营人员微信群、举行线下交流座谈会和交流营活动，为广东各级各地政务新媒体小编提供业务培训、经验交流的机会。

截至2019年10月，已有6000家党政机关的政务新媒体和企事业单位的机构新媒体入驻“南方号”，月均发稿总量达到4万条。

“核心资源+新媒体风口”的化学反应

如今，经过几年的发展，“南方+”客户端借助南方报业传媒集团多年以来积累的优势，在信息服务的权威性、生活服务的贴近性和政务服务的专业性打开局面，成为华南地区数一数二的新媒体平台。

而在差异化竞争仍然激烈的当下，对于传统媒体的新闻客户端来说，仍存在困惑和短板。从内容上来说，话语方式的表达仍是未来需要深耕的方向。在变化多端的舆论场中，如何运用更接地气的新媒体传播方式，生产和传播枯燥乏味的政策等严肃内容，仍然是“南方+”客户端需要关注的重点。解决这个问题，不仅需要加大对新媒体端资源的倾斜，加强外部合作，还需要从传统媒体内容生产的体制机制入手，在内部激活新闻从业者的创作活力。

从新媒体运营的角度来看，互动性目前仍是传统媒体客户端与互联网媒体相比较为明显的短板。在未来，“南方+”客户端仍须通过加强运营，拉近读者与传统媒体客户端的距离，从而产生共鸣，增强用户黏性。从实施效果来看，“优质的内容、服务本身+创新的表现形式+线上线下活动相结合”，成为激活用户互动的有效方式。

越来越热的短视频和直播，开始成为传统主流媒体在新媒体“战场”争夺的焦点。近两年，“南方+”客户端在直播领域发展迅速，仅2019年前三季度，直播场次就已突破1500场，涵盖政务、

“南方+”湾区工作室推出的建设粤港澳大湾区“施工图”和“任务书”全媒体产品

生活、财经等多个领域，呈现“多点开花、百花齐放”的态势。总结来说，流畅的直播技术、对21个地级以上市丰富直播资源的深耕和挖掘，以及优质的策划执行能力，成为“南方+”客户端在直播领域打开局面的关键要素。不过，从整个市场竞争来看，直播和短视频虽然火爆，但门槛不高，优质的内容仍是稀缺品。

在未来，当新媒体的“形式红利”逐渐散去，市场竞争将重新回归到内容本身。“南方+”客户端一方面需要充分利用南方报业的核心优势资源，继续拓展在信息服务、本地生活服务和政务服务的强项，扬长避短，同时需要密切关注直播和短视频等新的竞争风口，保持对未来的竞争活力。

Q & A
对话实录

“南方+”客户端副总编辑、首席内容官罗彦军：“客户端所有的产品都要服务于其核心定位”

“南方号”创新内容生产方式

作　者：与微信公众号与头条号相比，“南方号”的优势有哪些？

罗彦军：“南方号”主要有两大优势，一个是撬动了机构背后的资源，另一方面是实现了内容的集成。以“南方号”入驻比例较高的政府机构为例，厅局单位自己发布权威信息，有时甚至比跑线记者快，这是“南方+”内容的来源之一。在内容聚集方面，如果厅局单位自己发布，只是分散在厅局自己的号。而“南方+”把资源集聚起来，再根据新闻的时效性、侧重点等进行分发，会达到更好的传播效果。此外，“南方号”还创新了内容生产方式，由记者和入驻机构一起从内容生产源头策划发布内容，比如与广东天气合作的气象直播，通过气象台专业播报与前方记者采访相结合，实现立体传播。总体而言，“南方号”是一个优质内容的来源，我们要做的是智能地挖掘更好内容。

2019年前三季度直播超过1500场

作　者："南方+"如何打响"直播广东"的品牌？

罗彦军：直播是近几年来的一个风口，赛道上选手很多。"直播广东"通过发挥自身优势，践行报网端融合，做出了一些自己的特色。一方面，政务类的直播是《南方日报》特有的核心资源。另一方面我们各个地市、各个记者站能够快速下沉到基层做各类直播。这两点是"南方+"客户端较为独特的优势。同时，通过直播的平台化、工具化，现在南方日报的各个部门、记者站基本上都掌握了直播的操作规范和流程。平台化发展，促使直播的场次、内容、题材丰富度等实现迅速增长。2017年，全年直播约1000场；2018年，全年直播约1500场；2019年前三季度，

结合融媒体中心演播室建设，现场论坛用5G+4K直播

直播已超过1500场，全年预计达到2000场。从直播效果来看，很多合作过的政府机构，比如海关、教育系统、食药监局等对政务直播的认可度很高，它能丰富新闻报道的内容，提高时效性，以更鲜活的形式实现政务公开，这是“南方+”直播与娱乐类的直播最大的区别。

“权威资源+新媒体生产”打造多个“爆款”

作　者：“南方+”新媒体实验室如何打造“爆款”？

罗彦军：新媒体实验室的核心与“南方+”的定位是一脉相承的，用新媒体的手段唱响主旋律，这也区别于市面上一般的客户端。一个客户端所有的产品都要服务于其核心定位，我们的定位是省委、省政府的权威发布平台。所谓权威发布平台，除了日常消息的发布要及时准确之外，另一方面，要把普通用户比较难以理解的一些政策、文件，用大家易于接受的形式呈现出来。这两方面服务于中心工作，也服务于客户端的核心定位。在这个基础上通过报网端的融合，将南方日报记者对政策掌握比较到位的优势与新媒体实验室的制作技能相结合，党政资源与新媒体制作力量融合在一起，产生了化学反应。在这个过程里，我们以“南方网红”为突破口，带动南方日报更多记者转型。大家现在逐步熟悉掌握脚本、分镜头，以及新媒体话语的表达方式。新媒体实验室在不断磨合，不断尝试一些新的呈现形式。对一个新媒体产品而言，题材、主题、呈现形式都很重要，缺一不可。

交互性仍是转型难点

作　者：转型过程中，实现媒体融合的困境有哪些？

罗彦军：从内容上说，我觉得主要还是话语体系的表达。在生产流程方面，记者已经自觉地做到先端后报，新的信息都是在第一时间供给客户端。在此基础上，怎么样提供适合移动传播的内容？这需要我们进一步琢磨互联网传播的规律，以适合移动传播的话语去生产内容。另一个就是互联网思维。以前我们说媒体都是单向传播，我说你听，我说你看，但移动互联网时代更多地强调一种互动。当你策划了这个产品，策划了这个选题，它除了给用户传递信息之外，怎样去引发与客户之间的互动，这个其实也是我们目前一个主要的短板。在这个层面上，市面上很多商业类的客户端还是比较值得我们学习的，比如互动性的H5或策划，它都能比较好地捕捉到用户的痛点，然后引发大家的一种互动，提升客户端的黏性，这个也是我们目前在转型方面比较缺乏的一个东西。

180天，完成练江驻河深调研全媒体报道

[专家锐评]

暨南大学新闻与传播学院院长范以锦：走好自己的路，做最好的自己

这些年，媒体和具有信息传播属性的商业平台都在谈机遇，也谈危机。谁都别幸灾乐祸，说不定哪一天危机就会落在身边；谁都别一味模仿他人，各家的机遇并非相同。走好自己的路，做最好的自己，才是硬道理。

说到危机，对自己可能是危机，对他人可能是机遇。2012年，在纸媒广告断崖式下滑的危机时刻，今日头条横空出世，很快就以极强的黏性将用户聚拢在身边，以广告为主的经营收入年年以翻番甚至翻两番的速度增长。然而，危机也接踵而至。2014年6月，《广州日报》状告今日头条侵犯版权。随后，《楚天都市报》等加盟发动舆论攻势。后来，今日头条与媒体签订了合作协议，版权之争告一段落。一波刚停，另一波又起，2018年4月10日，今日头条的“内涵段子”客户端软件和相关公众号被责令永久关停。至此，今日头条也醒悟，对他们来说，发展速度已不成为问题，当下最为

暨南大学新闻与传播学院院长范以锦

重要的是“安全”。于是，人数众多的把关队伍出现在今日头条，并与抓取关键词的技术把关互相配合。风波渐渐消退。

与今日头条正好相反，媒体尤其是主流媒体有长期形成的把关意识和措施，相对来说无安全之忧，忧的是生存发展。所以，今日头条的“危”与“机”，换成媒体正好对调过来。

正因为今日头条等商业平台的危机和机遇与媒体不尽相同，所以媒体虽可借鉴他们的经验，但不能一味跟着他们跑。事实上，试图照搬他们做法的，别说是媒体，就是别的商业平台也不容易成功。

媒体从自身的实际出发寻找突围之路，无非是“借船”与“造船”两条路径。

从“借船”来看，借用今日头条等强大用户平台发展自己的案例不少。今日头条不属于新闻客户端，而是资讯客户端，但由于其开辟了向媒体购买、千人万元计划、各类机构和个人账号入驻等路径，使其资讯客户端聚合和分发了大量新闻。久而久之，也就有人称他们为新闻资讯客户端。商业平台的高用户流量和用户黏性会存在相当长时间，主流媒体仍须借力其技术或平台加强内容传播。

2018年和2019年新华社联合搜狗先后发布“AI合成男主播”“AI合成女主播”；《人民日报》联合科大讯飞发布语音转写工具助力“两会”报道。2019年春节，抖音呈现新的亮点：成为中央电视台春晚独家社交媒体传播平台。抖音联手人民日报讲述春节故事，日均播放量近10亿，上线一周超74亿；点赞量超过2.5亿，评论数超过1126万。新京报、澎湃新闻等76家媒体抖音号也共同参与活动。

从“造船”来看，媒体通过打造平台将用户引流到自己的领域“圈地”。南方报业传媒集团就是这样做的。这家集团下属的媒体也有“借船”出海的实践，但他们并不满足于此，从自身实际出发积极搭建新平台。比如南方报业传媒集团“南方+”新闻客户端的“南方号”，至2019年3月入驻机构已超过5200家，主要是党政机关、事业单位，还有国有企业。虽然远不及今日头条的“头条号”入驻用户量，但创造出其特定的用户的深层连接，拥有精准地将传播影响力的触角深入到其固有区域的忠实受众群体的能力，形成高度稳定的用户黏性。

“南方+”拥有自主可控平台意味着拥有了自身的用户数据库和内容资源库，在不断吸引各种优势资源和传播主体聚合的同时，用户再次聚集。聚集的用户领域，与以省委机关报《南方日报》为龙头的南方报业传媒集团的地位是相适应的。“南方+”承接的是《南方日报》“高度决定影响力”的理念，打造成“广东权威发布移动平台”，成了南方报业高端官方客户端。这不仅能将主流声音直接传达到重要的领域和人群，而且还能将这些领域的共同发声通过“南方+”“南方号”扩散到社会其他领域。这不仅有社会价值，也能从中找到商业模式，因为南方报业传媒集团有相当一部分“泛内容”的创意项目，是来自党政机关、事业单位和国有企业的。“南方+”“南方号”内容传播形成的品牌影响力，将会吸纳更多的机构依托南方报业完成创意项目，助力南方报业的发展。

细看从中央到地方的媒体，“造船”的路径并不一样。与不能完全模仿商业平台一样，对别的媒体的经验也不能完全模仿，因为各自的发展背景、历史积累、队伍现状，以及各地的社会生态环境也是不一样的。但无论是商业平台，还是“南方+”“南方号”等新媒体的经验，是可以借鉴的。从自身的实际出发打造好平台，拥有自己的领域，以实现新闻内容传播的社会价值和商业模式形成的经济价值的双提升，将能做大做强主流媒体。

第七章

声与画

音频、视频的江湖之争

荔枝：
如何玩转声音经济？

爱奇艺：
如何坐上视频自制剧平台头把交椅？

艾媒咨询 CEO 张毅：
移动音视频江湖的“三国演义”与未来

荔枝：如何玩转声音经济？

关键词 声音经济 UGC 语音直播 移动音频

引 子

从营收年过千万到单月破亿需要多久？广东一家声音互动平台——荔枝的答案是一年多。2013年，荔枝在广州成立。五年后，截至2018年6月，官方数据显示，荔枝全球注册用户超过2亿，月活用户超过4000万。

2016年，荔枝经历了一次重要转型。当时，移动音频的分野开始产生，同类竞品喜马拉雅和蜻蜓FM选择打响音频领域的版权战争。荔枝则在2016年7月敲定了语音直播的方向，从“移动电台”转向“声音社交”。

2013年底上线的荔枝FM和2011年底出现的蜻蜓FM，以及2012年底上线的喜马拉雅，一同经历了音频市场的崛起。在此期间，移动电台作为“声音江湖”中的新兴事物，其发展思路大致经历了从工具到内容再到平台社区的转变。

在这样的背景下，以荔枝为代表的语音直播以不一样的“姿势”悄然崛起。根据荔枝官方提供的数据，截至2018年6月，荔枝已拥有超过2亿的全球注册用户、4000万月活用户、500万月活跃主播，以及累计超过1亿期的音频节目。其中，荔枝语音直播的营收从上线三个月后的月入1000万元，达到上线一年后的月入1亿元，而且，这一系列数字还在不断的快速上涨之中。

从移动电台到剑指“声音社交”，荔枝用豪华的数据向市场证明了UGC声音平台的生命力，同时试图将一个工具的使命无限扩大。我们不禁发问，成绩赫然的背后，荔枝的崛起经历了怎样的故事？

“押宝”语音直播，荔枝的摇摆与华丽转身

美国著名非虚构作家杰克·哈特认为，一篇精彩的故事往往以困境为根基。在荔枝崛起的故事中，这一困境摆在2016年。荔枝的创始人兼CEO赖奕龙曾这样描述这一段黑暗时期：“荔枝这一年过得很辛苦，那时候商业模式还没有找出来，年中融资也不太顺利……”

其实，在2016年以前，荔枝的日子还是不错的。作为移动音频市场的三大巨头之一，荔枝同2011年底上线的蜻蜓FM和2012年底上线的喜马拉雅一起，经历了移动音频的黄金时期。这一时期，

荔枝公司大门

移动电台刚刚兴起，主打“人人都是主播”的荔枝FM凭借流畅的工具体验与纯UGC运营，积累了大批用户，并在2015年1月获得了2000万美元C轮融资。然而进入2016年，音频平台的用户增长开始放缓，同时不得不开始面对商业变现这一难题，移动音频的分野开始产生。

这一年，喜马拉雅和蜻蜓FM选择打响音频领域的版权战争，重金打造内容付费，收获了不少流量和收入，开始走向知识付费。而荔枝虽然也进行了运营IP打造版权、发力粉丝经济搞社区电商等尝试，但收效甚微。

选择知识付费还是坚持做UGC？荔枝团队在2016年的上半年进行了多次讨论。最终，赖奕龙在2016年7月敲定了语音直播的方向，以增加互动的方式继续增强UGC平台的用户黏性。

事实证明，直播打赏目前仍是非常成功的盈利模式。2016年10月，荔枝的语音直播功能正式上线。

一年后，语音直播为荔枝带来了一个月过亿元的营收。业内人士估计，荔枝在语音直播的行业渗透率超过八成。

对于这个选择，荔枝团队表示主要是基于两点考虑：第一，在2016年上半年的讨论中，他们发现知识付费太过依赖IP，而IP的培养和版权采购对于荔枝这样的创业公司来说，其前期投入及后期跟进销售是不可承受之重；第二，团队认为娱乐在互联网中市场空间更为广阔，且与荔枝坚持的UGC原始定位相契合。

剑指声音社交，UGC平台的“轻”与“重”

其实从事后分析来看，当年看到语音直播潜力的，不止荔枝一家。事实上，喜马拉雅在2016年5月的版本更新中就增添了直播功能，陌陌则是在2017年8月切入了语音直播。不同的是，只有荔枝从头到尾坚持纯UGC模式，对于直播来说，沉淀下了非常好的用户生态。“PGC是成功，是帮名人出名。UGC是成长，是帮草根成为

荔枝办公区域

PGC。”赖奕龙曾这样形容荔枝的战略。

而无论是知识付费还是语音直播，音频行业的拐点已经来临，传统的电台模式早已过时。基于语音直播的成功，荔枝于2017年7月对品牌进行了升级——去FM化。品牌Slogan也从“人人都是主播”改为了“用声音在一起”，荔枝剑指声音社交的“野心”昭然若揭。

做社交则意味着要打开更大的圈层，从过去服务较为小众的播客转变为吸引大众用户。从这一点来看，许多App如今都面临着这样的挑战。

从小圈子走向大圈子，明星代言是一个公认的绝佳选择。2017年11月，在《致我们单纯的小美好》一剧播出时，胡一天第一次在荔枝直播就吸引了四五十万人收听。经过几个月的合作，胡一天在2017年底正式签约成为荔枝的代言人，为荔枝带来超过4000万的流量。

其实，开拓更为大众的空间，UGC模式本身就具有优势。平台几百万主播在吸引粉丝的过程中，很容易形成滚雪球效应。

然而，相对于PGC平台，荔枝选择“轻”内容的同时，避免不了审核上的“重”。

随着用户爆炸式的增长，平台的审核压力同样与日俱增。一方面，荔枝早在2014年就加大对语音识别技术的投入，同时与科大讯飞、阿里云等第三方机构合作。另一方面，除了技术上的投入，策略同样重要。

在荔枝的审核后台，系统首先会对用户行为进行记录，建立信用体系，同时对已有内容连贯性的优质主播优先审核，保证其内容发布；其次是通过人工智能算法识别过滤；最后是人工审核，并由

A、B两组人员对同一内容交叉审核。经过如此三重流程的分层审核，效率和安全性大大提升。2018年10月10日，荔枝安全内容中心在广州正式成立，进一步完善内容质量控制体系。

至此，荔枝崛起的故事已经非常明朗。“围绕声音的社交、社群、社区，将会在这个平台上逐渐地变大变强，这就是我们未来的目标和定位。”对于荔枝的未来，赖奕龙如此说道。

Q & A
对话实录

荔枝创始人兼 CEO 赖奕龙：社交是一种依附于内容的关系

依附内容的社交关系才更加牢靠

作　者：语音直播的上线，当时荔枝内部有着怎样的讨论？

赖奕龙：2016年上半年，荔枝内部曾对于走知识付费还是语音直播进行了激烈的讨论。我们当时内部的判断是，知识付费所需要的大IP，前期投入很大，加上后期节目的跟进销售以及授权的费用逐年增高，会做得非常重。同时，放眼整个中国互联网，娱乐领域仍占较大比重，所以荔枝选择互动娱乐的方式，这也与平台UGC的定位相契合。

作　者：很多工具起家的App都尝试过做社交，你们认为做社交的核心是什么？

赖奕龙：对于这个问题，我们更多地说社交是一种关系，但它依附于内容。荔枝的做法不一样，用户依托内容产生共同的兴趣爱好，才会让社交关系产生更大的黏性。同时，用户也

荔枝创始人兼CEO赖奕龙

会不断地产生新的内容，内容再连接这些兴趣，久而久之整个社交网络会更牢固。

人工智能推荐算法做到“千人千面”

作　者：从工具到平台，荔枝在内容运营方面主要有哪些打法？

赖奕龙：工具向平台的转变，关键在于怎么去建立生态。荔枝平台中最关键的角色之一就是主播，主播会带来他的粉丝，流量就会不断地滚起来。所以，我们当时的策略是帮主播去分发他的节目。其中，第一是运营，包括话题、活动等；第二是智能推荐。我们在2015年左右推出了一个“千人千面”的人工智能推荐算法，使得主播和粉丝更好地去匹配，更好地帮助主播积累粉丝，形成更牢固的一个关系。

作　者：在内容审核以及监管方面，荔枝在策略上有哪些做法？

赖奕龙：UGC平台在监管方面的成本的确很高。我们最初在思考这个问题的时候就很重视：怎么才能更有效率地去做内容的审查与监管？首先我们要对内容有一个分层，例如利用语种识别先把境内和境外的内容分开，境外的内容由专人去审。然后是通过信用体系，常年有着良好信用的优质主播可以提前审核发布。最后到人工审核，我们又成立了A组B组，他们之间进行交叉审核，来强化整个审核的体系。2018年10月10日，荔枝安全内容中心在广州正式成立，进一步完善更为严格的内容质量控制体系。

荔枝公司一角

明星代言开启大众化之路

作　者：随着语音直播的推出，荔枝走向了新的发展阶段，品牌宣传的战略有着怎样的改变？

赖奕龙：早期的宣传主要还是围绕个性内容的圈子，以KOL（关键意见领袖）为主。而当平台做到一定量级的时候，它需要有一些公众知名度的时候，可能要考虑得更全面一些，而不是集中在某一个圈子。2017年下半年开始，我们相继找到李易峰和胡一天作为我们的代言人，也是想要更加明确地宣传荔枝是一个年轻化的平台。

作　者：您觉得超级App应该具备什么属性？

赖奕龙：超级App可能要看怎么去定义，每个人定义可能不太一样。我认为超级App它需要具备两个特征。第一是它要有一定的公众影响力，对人们的生活有直接的影响；第二是用户规模足够大，像比较有代表性的就是微信、淘宝等等。当然，有时我们需要考虑它是否可替代。比如说微信能不能用别的App替换？像这种关系链和内容的一个沉淀，我认为也算是影响力的一部分，是超级App应该具备的属性。

/ 侧记 /

低调务实一直以来是南派创业者的标签。荔枝的办公室如今还在位于广州黄埔大道中的羊城创意产业园内，只有一排平房，没有摩天大厦，很有互联网企业“扁平化”的气质。公司内部，则到处是与声音有关的海报、标语、物件等，搭配上外面整个创意园文艺的街景，用小清新来形容荔枝再合适不过。

荔枝是一款在年轻人群体中很受欢迎的App，身边使用它的，大多是20岁左右的俊男靓女。这部分群体个性十足，年轻，富有活力，本应该给人一种花枝招展的感觉。而当我真正走进、接触这家公司，脑海中浮现的关键词却是低调、务实和小清新。

相比其他互联网企业的掌舵人，在采访之前，赖奕龙对我来说还是一个比较陌生的角色，因为这位荔枝的创始人很少在媒体前抛头露面。除了作为一家企业的管理者，在生活中，他是一个十足的文艺青年。听说他在投身互联网创业之前，还做过一年的电台DJ。从传统电台到声音社区，赖奕龙用荔枝讲述了一个精彩的创业故事。

爱奇艺：
如何坐上视频自制剧平台头把交椅？

关键词　视频平台　自制剧　泛娱乐　IP　大数据

引　子

“尔晴领盒饭了，真爽。”“娴妃终于黑化了。”

“让犹豫走掉，选择我就好，请你为我的努力而尖叫。”

《延禧攻略》《偶像练习生》都是热搜专业户，话题不断。即使你没有看过爱奇艺的独家电视剧和节目，肯定也见到身边的人追捧过。

《偶像练习生》《机器人争霸》等热门节目会员的推出，有效扩大了爱奇艺会员的规模，提升了爱奇艺的业绩。

美国时间2018年3月29日上午，爱奇艺在美国纳斯达克上市。百度“卸下包袱”，爱奇艺在公开市场获得更多资金支持。爱奇艺预计2018年在内容上投入超100亿元，在增量发展结束、“用户跟着内容走”的趋势下，上市帮助爱奇艺保证优质内容的产出。

爱奇艺2019年第三季度未经审计的财务报告显示，2019年第三季度爱奇艺总收入为74亿元人民币，同比增长7%。其中，会员服务收入为37亿元，订阅会员规模达1.058亿元，同比增长31%。

在资本支持下，爱奇艺“一鱼多吃”，逐步“建造自己的生态系统”，除传统的广告营销和收费会员业务以外，开始拓展直播秀场、电子商城、漫画、小说、娱乐资讯、电影票、艺人经济等多方面业务。

现在，它不再仅是视频网站，而更像一个全产业链的泛娱乐公司。

五周33次登顶娱乐类App下载榜

在追剧追星的时候，我们都会不由自主地选择爱奇艺，甚至为此成为爱奇艺会员。截至2018年8月24日，最近的五周中，爱奇艺App已经33次登顶App Store娱乐类App下载榜。

在众多娱乐类App中，为什么选择爱奇艺?

答案可能是，因为爱奇艺App让用户拥有难以割舍的价值载体。这些价值载体相对应的业务包括正确价值观指引下的个性化、社区和用户关系链。

正确价值观指引下的个性化能够提供精准的高品质内容。比如，用户年轻化使得爱奇艺衍生了动漫App，垂直化服务让不同画像的动漫用户的需求都得到满足。

社区承载着用户的价值判断和辛勤创作，具有非常强的黏性。《2018年中国泛娱乐用户研究报告》显示，使用爱奇艺泡泡社区后，63.4%的用户对爱奇艺内容更加关注，66.3%的用户对爱奇艺平台的喜好度有所增加。

用户关系链则构建起用户与用户之间、用户与内容创作者之间

爱奇艺LOGO

的关系链，并沉淀为好友关系或关注关系，从而形成强纽带的人际网络。

从运营方面来看，爱奇艺非常注重线上、线下相结合的模式。以泡泡社区为例，话题浏览、发帖讨论、明星来了、泡泡专访、泡泡月刊、线上应援、泡泡UP榜等丰富立体的线上内容矩阵深受用户喜爱。主创见面会、剧透会、庆功会等线下活动给予了粉丝同明星亲密接触的机会，使得剧集热度得以多次发酵。

爱奇艺动漫、爱奇艺阅读、爱奇艺泡泡等形成一个大圈，从视频、文字到粉丝圈，一个又一个地围攻，垂直、全面地提升了用户体验，增加了爱奇艺用户数量。

“大数据+AI”的灿烂火花

现今是大数据时代，利用数据资源能够精准构建用户画像，爱奇艺也不例外。

爱奇艺应用大数据分析工具提升拉新、促活的效率，将技术充分应用于用户增长。同时，爱奇艺通过数据分析用户的行为，理解用户的真正需求。

2016年之后，爱奇艺开始打造个性化服务。爱奇艺在海量行为数据中挖掘出用户潜在的兴趣点，为用户推荐越来越精准的内容和服务。

爱奇艺推出了“绿镜”视频编辑功能，即通过分析用户的海量视频观看数据，自动判断用户喜好，并将相关精彩内容抽离，集成受关注程度最高的“精华版”视频。

此外，爱奇艺还不断通过AI实现内容的精准推送，打造更优的用户体验，从而增强用户黏性，提升用户付费意愿。

在泡泡社区中，爱奇艺通过智能推荐技术帮助用户发现新鲜有趣的圈子。过去半年里，泡泡与AI结合，通过优化个性推荐的精准性与多样性，将粉丝用户进圈的整体点击率提升了10个百分点。

爱奇艺的艺汇智能选角系统，通过自然语言处理、AI智能匹配提升制片方的选角效率。早前，爱奇艺利用艺汇选出艺人张雪迎饰演热门自制剧《泡沫之夏》的女主角夏沫，获得用户热捧。

运用大数据和AI了解用户，通过收集用户的搜索、互动、消费等的数据，爱奇艺为用户推荐越来越精准的内容和服务。

围绕“爆款IP”的产品矩阵

从以视频内容消费为主题的苹果树生态到泛娱乐服务的苹果园生态，爱奇艺用了八年的时间。2018年3月29日，成立八年的爱奇艺在美国纳斯达克挂牌上市。

与其他视频类产品不同，爱奇艺的愿景是做一家以科技创新为驱动的伟大的娱乐公司，通过技术挖掘更多价值点，为用户带来全新体验，提升娱乐生态链的运行效率。

爱奇艺的苹果园生态，其实是围绕着IP的业务和产品矩阵。

目前，爱奇艺已经有影视、游戏、文学、综艺等多个领域矩阵，具有中国特色的“一鱼多吃”模式日渐成熟。以《花千骨》为例，爱奇艺同时推出同名网剧、游戏、电商等，将IP价值最大化，形成泛娱乐产业链。

从短期战略发展来看，爱奇艺会在各个产品线落地AI技术，让

爱奇艺在美国纳斯达克挂牌上市

用户切身体会AI带来的优势：从单App到多App，包括爱奇艺阅读、爱奇艺纳逗、爱奇艺动漫、爱奇艺泡泡等，形成产品矩阵，让苹果树生态转变成苹果园生态，从而提升垂直方向需求的用户体验。

爱奇艺App作为一个移动互联网爆款产品，通过抓住用户不断变化的需求痛点，延长产品的生命周期。《2018年中国泛娱乐用户研究报告》显示，爱奇艺在用户认知率、用户渗透率、用户喜爱度、用户推荐度及品牌溢价指数等多项指标上，受到泛娱乐用户青睐。

同时，作为一个国民App，爱奇艺在通过内容正向引导价值观的同时，也注重数据以及内容版权的安全。2018年5月，爱奇艺自主研发的数字版权管理（DRM）系统，在数字版权管理技术上已达国际先进水平，成为国内首个获认可的网络视频平台。

根据艾瑞MUT数据，从2015年起爱奇艺App移动端用户规模与使用时长持续领跑视频行业，在市场占有率上保持领先优势，其次为腾讯视频和优酷。爱奇艺用科技驱动生态系统，打造泛娱乐生态的生态苹果园。

Q & A
对话实录

爱奇艺 CTO 刘文峰：不赞成唯算法论

用户思维的核心是尊重用户、理解用户

作　者：目前爱奇艺的用户画像是怎样的？爱奇艺为此做了哪些改动？

刘文峰：爱奇艺App的用户里，根据我们的分析，截至2018年，用户年龄方面，19—35岁的用户为主，占78.9%。这是爱奇艺最基础的用户画像。这些用户对品质有较高的需求，在青春时尚方面也有他们自己的见解，这也就是爱奇艺的品牌特点——青春、阳光、正能量所代表的用户画像特征。在爱奇艺的产品矩阵里，不同产品的用户有着不同的特征。比如，在爱奇艺App内部的漫画板块，我们发现男性占比为61.5%，18岁以下用户占19%，用户年轻化特征很明显，因此我们决定衍生出爱奇艺动漫App，针对有不同画像的动漫用户做垂直化服务。

作　者：如何做到精准传播？目前获取一个新用户的成本大概是多少？

刘文峰：现在是大数据时代，有非常好的数据资源可以供我们做精准传播，现在各媒体平台、App分发渠道都逐渐开始具备精准传播的能力，爱奇艺结合本身的大数据提升传播的精准度。目前渠道的单个获客成本不便说明，不同渠道、不同方式的都不太一样。一般的策略还是从品牌、内容和服务角度，让新用户进来，让新用户留下来。

作　者：您认为，产品设计与品牌运营，哪个更重要，两者的关系是怎样的？

刘文峰：产品设计和品牌运营都很重要，缺一不可，也不能顾此失彼。产品是吸引用户的根本，也是商业模式可以成立的基础，没有用户喜欢的产品，就无法支撑起商业模式；在产品成熟，市场培育好之后，没有品牌运营和营销，是无法让产品能够进行有效传播的，也就无法支撑产品的持续发展。所以我觉得这个事情并没有重要性的差别，主要是执行节奏上的差别，不同阶段可能重心不同。

作　者：用户思维最核心的要素是什么？

刘文峰：我认为用户思维的核心要素，是尊重用户和理解用户。通过数据分析用户的行为，理解用户的真正需求；站在用户的角度设计产品，为用户提供有温度、有价值、有意义的产品。

App的迭代速度必须加快

作　者：如何做好一个App的首页？

刘文峰：App首页要提供精准的高品质内容和符合用户期待的泛娱乐服务，再从功能、性能、交互、视觉全方位地保障首页作为触达用户的第一领地的体验和调性。

作　者：您认为最好的页面交互设计理念是什么？用户最反感怎样的交互设计？

刘文峰：最好的页面交互设计理念是“无迹可寻却又无处不在”，交互设计要让用户在整个交互过程中自然顺畅，无须思考，从容不迫，同时在必要的时刻又能及时响应用户未表达出来的需求，给出必要的反馈。用户最反感的可能是喧宾夺主的交互设计，这种设计常常让人感觉突兀，破坏用户与产品的自然交互，并使用户被迫跳脱出当前场景。

作　者：一款爆款网红App，更新迭代的周期是多长？可从哪些方面延长产品的生命周期，避免昙花一现？

刘文峰：无论哪种爆款App，都希望能够缩短迭代周期，从而快速适应用户的需求。互联网时代发展到现在，用户的学习能力和需求提升的速度也非常惊人，因此App的迭代速度必须加快。单周发版和双周发版已经不是少有的现象了。延长产品的生命周期，我认为至关重要的是抓住用户不断变化的需求痛点，而不是站在自己的角度来看用户。如果不能清晰地定位自己的目标用户以及抓住用户的痛点，真的就很有可能只是昙花一现。

算法需要服务于产品价值观

作　者：在您心目中，超级App应该用哪些必要的指标来衡量？应该具备哪些特质？

刘文峰：主要从用户规模、用户消费时长、营收和品牌四个方面来衡量。用户规模方面，爱奇艺App2018年Q1的月独立设备数超6亿台。用户黏性方面，爱奇艺App2018年Q1的月度使用时长超60亿小时，全网排名第二。营收方面，爱奇艺从2015年第三季度开始，无论从PC端、移动端还是智能电视端，无论从广告收入还是会员收入，爱奇艺都处于行业第一名的位置，一直延续到现在。

作　者：最近一段时间，关于App的算法推送以及价值观等产生了大范围的讨论，您认为App的算法与价值观如何平衡？

刘文峰：我不赞成唯算法论，不赞成一切都只凭算法的结果来做判断的做法。算法只是我们实现产品和用户体验的手段之一，算法需要服务于产品，更为重要的是，算法要服务于产品价值观；数据是为了让算法能够更好地服务于价值观，而不是让价值观不断走偏。爱奇艺在通过内容正向引导价值观的同时，也注重数据以及内容版权的安全，爱奇艺自始至终非常注重用户数据安全，不断努力提升内容版权的保护。不久前爱奇艺自研的DRM系统，在数字版权管理技术上已达国际先进水平。

作　者：放眼全球移动互联网，您最欣赏哪一款App，为什么？

刘文峰：我个人非常喜欢工具类的App，因此在我的手机上，排在最前面的是Google Photos，它通过人工智能技术帮助我整理照片，为我推荐照片，甚至帮我生成合集、动画、全景、风格化照片。每次我自己打开Google Photos都会被它推荐给我的过去的照片，比如十年前的照片所吸引。它解决了我的痛点，因为我有好几百千兆的照片放在电脑上空间已经不够，放在NAS（网络存储器）上也无法用目录进行整理，放在云端的话，几乎就没有机会再去找它们了，而AI真正帮助我解决了这些问题。

[专家锐评]

艾媒咨询 CEO 张毅：移动音视频江湖的“三国演义”与未来

时间来到2019年，移动互联网红利期在近几年逐渐消失殆尽。我们看到，当最后的流量红利越来越难以捕捉，各大平台已悄然开启存量市场的厮杀。

这其实不难理解。在移动互联网江湖的第一阶段，整个市场百废待兴，各种平台高歌猛进“开疆拓土”；第二阶段，赛道渐窄，细分领域迎来“百团大战”，各大平台拿出看家本领构筑“护城河”，市场蛋糕在竞争中逐渐被做大，同时进入“排同存异”时期；第三阶段，理性回归，梯队渐明，各个巨头加入存量市场竞争，彼此试探进入对方的生态圈。

移动音视频两个领域正是如此。

经历多年纷争，移动音视频两个领域在头部竞争中已进入“三国演义”之势。艾媒北极星最新月活排行榜显示（数据截至2019年2月17日），移动综合类视频App榜单由腾讯视频（月活4.4亿）、

艾媒咨询CEO张毅

优酷视频（月活4.2亿）和爱奇艺（月活3.1亿）领衔，并与第二梯队平台芒果TV、B站等拉开较大差距。

对于移动视频平台来说，未来竞争的重点还是内容。从数据来看，用户对移动视频平台的忠诚度并不高。在爱奇艺的用户中，我们看到有90.96%的用户同时在使用腾讯视频，53.24%的用户在使用优酷视频。所以说在移动视频领域，要想留存用户，竞争主要还是聚集在上游版权内容的获取。

与此同时，目前三大视频平台主力发展方向仍是会员付费。这一点在爱奇艺的财务报表中有明显体现，其会员付费服务的收入几乎每个季度都在增长。

而在移动音频领域，头部平台同样“三分天下”：喜马拉雅FM、蜻蜓FM和荔枝稳坐第一梯队。过去人们认为音频是一个很小众的市场，现在有所改变。随着移动网民越来越多，移动音频的用户年龄分层也越来越丰富，市场增长还是非常可观的。

与移动视频三足鼎立的格局不同，在移动音频领域，喜马拉雅FM、蜻蜓FM和荔枝在平台模式的选择上更具差异性。在此基础上，艾媒提供的数据显示，荔枝的用户构成更年轻化，且女性用户更多，与另外两大平台形成了明显的差异。

以荔枝为代表的UGC（用户生产内容）平台，优势和劣势都非常明显。其短板在于持续的优质内容无法保证；优势则是UGC平台的社区互动性很强，具有较为强烈的用户情感沉淀。不过，从资本的角度来说，主打知识付费的PGC（专业生产内容）平台在市场中更加容易启动，UGC平台更需要时间沉淀。

而不论是音频还是视频，“三国演义”还是“百团大战”，持续输出的优质内容仍是平台自身真正的“护城河”。

后记

我们应该从超级 App 身上学习什么?

“中国之治”需要主流舆论。首先，它具有举旗定调能力，是执政党实现思想引领的重要路径。人在哪儿，宣传思想工作的重点就在哪儿，网络空间应该成为我们凝聚共识的新空间。其次，它是群众工作能力，是党联系群众、组织群众、服务人民的重要渠道。党媒的工作职责就是传播真理、收集意见、组织群众、推动工作，互联网有助于拓宽与群众联系的渠道，更全面收集群众意见，更精准组织发动群众。再者，它是防范风险能力，是网络意识形态斗争本领的重要体现。没有网络安全就没有国家安全；过不了互联网这一关，就过不了长期执政这一关。

本书认为，应该从三个源头找到新思路、新启示。一是进一步用好马克思主义立场观点方法和传承“政治家办报”的优良传统。二是吸收借鉴移动社交媒体等商业App的经验做法。三是总结学习主流媒体在深度融合路上的思路方法。三源合一，加快传统媒体向新兴媒体更新升级，此长彼长，优势互补，切磋互鉴，共同形成新时代融合传播矩阵，构建主流舆论全媒体传播新格局。其中，深入解码超级App发展规律，仍然是我们工作当中的盲点。

这就促成了《谁是超级APP》的研究课题。课题在南方日报社指导下完成，得到广东省青年文化英才项目资助。课题组成员包括2012年广东省青年文化英才，南方日报编委、经济新闻部主任，“南方+”客户端副总裁谢思佳，南方日报专刊新闻部副主任、“南方+”编委卢轶，要闻新闻部主任助理何勇荣，经济新闻部政经工作室副主任彭琳，以及南方日报经济新闻部一群有活力、有想法的青年记者：李赫、王佳欣、陈晓等，无法一一点名。这些研究有部分已通过新闻稿件的形式在《南方日报》、“南方+”客户端上发布，今天全部整理出来集结成册，正式出版。课题组希望用成果答谢对本书出版给予支持的所有师长、领导、朋友。

一、超级App的江湖没有定局

互联网时代，新闻受众和网民互为主体，表现为媒体社会化和社会媒体化。统计显示，中国8亿网民，绝大多数同时是智能手机用户。App用户规模动辄上亿，相当于PC时期网站的十倍乃至百倍，它们用户的叠加总和，几乎覆盖了各类人群。它们是信息交流、社交场景创造的推动者，加剧了社会的分众、分格、分化，引起了社会结构的深刻变化。及时跟踪、归纳、甄别超级App的主要做法，对人类自主自觉驾驭未来社会，对马克思主义真理中国化、时代化、大众化传播，对主流媒体深度融合发展都有现实推动作用。

这里就要引出一个“超级App”的概念。超级App，是互联网时代闯出来的一批骄子，是一个群体、一种现象。从性质看，它们是移动互联网上的应用软件；从形式看，它们都是手机桌面上最活跃的应用入口；从价值看，它们具有更强的黏性和功用。

这些App大致分为两类，一类是一批由宣传部门和主流媒体主办的新兴媒体，比如中央的学习强国、人民日报App、新华社App，地方的“南方+”客户端（广东省）、浙江新闻（浙江省）等；另一类是具有一定用户规模的社交类或社区型移动应用软件。后者尤因群体规模大、特色鲜明、做法大胆，颇受行业关注。本书锁定了用户上亿规模的20余个商业App进行比对研究，发现它们有四个主要特点。

1．强调用户思维。互联网特别是移动互联网因其普惠、可及人人，构成了其商业模式和融资模式。互联网公司因此将用户放在优先级位置，将用户思维、用户至上、用户优先的理念作为黄金守则。进而，以用户为中心的关系逻辑，逐步取代以产品为中心的营销逻辑。简单说就是：从人找商品、人找信息，变成商品找人、信息找人。吴声在《场景革命》一书中记载了那个转折时期：2014年春天，罗振宇在他的“罗辑思维”微信公众号上发售图书包，一边在代表社群的公众号上热火朝天成爆款，一边在背靠流量的淘宝店里半价售卖零成交。这个案例中，同一产品，不同场景，不同人群，反响迥异，场景替代流量成为用户入口。就这样，一大批平台类、垂直类App卷入场景浪潮，使其客观上具备了媒介属性，成为各类社交媒体。支付宝坚持技术普惠，快手坚持发言机会的普惠，知乎坚持知识普惠，都是希望覆盖更多数的用户。

2．精准定位需求。社交型App更重视与用户需求精准匹配，甚至恨不得能够得到每一个用户的标签，腾讯公司为用户“画像”，每一个用户所贴标签大概有2000个。而且，用户的痛点、甜点、痒点、泪点、燃点，都可以成为交互的引爆点。比如，视频社交成为新趋势时，QQ布局“微视”，微博低调上线“爱动小视频”App，爱奇艺定位青春、阳光、正能量，虎牙赋能小清新。豆瓣用户以文艺青年为主，流量变现时代，这些“屌丝”被资本判了死刑，但是豆瓣守着这群“种子用户”，挖掘需求延伸场景，“无用用户”转身成了首批内容付费的忠实粉丝。美图秀秀用“美白”“瘦脸”“祛痘”等选项取代了“白平衡”“正片负冲”“高ISO降噪”等专业术语，普通人自己P图的需求被满足，使用场景丰富了，海量用户涌入美图。

3．技术更新快。抓住时间窗口是App穿上超级战袍的重要路径。目前的主流做法是，产品快速迭代，并持续融入新技术。在App的软件开发中，功能集成再多一点与代码包再小一点，是一对不可调和的矛盾，一个功能强大而运行快速的App背后是超强的技术支撑。从我们的统计结果看，快速成长期的App最快平均5.2天一个版本，通过极短时间的技术应用，实现再造一个自我。

4．重视互动。QQ最近一项调研显示，互联网网民越来越从“看脸”转向看重“三观匹配”。因此，App们偏向于更积极主动亮出自己的态度和倾向。知识问答领域，悟空问答选择以高额赏金作为用户激励模式，知乎则坚持分享为本，收益为辅，弱化商业味，强调平台的知识分享价值。而且，App们不仅希望表达自己的态度，还十分希望得到用户的态度。微信7.0版本一度引致外围争议，张小龙是这样回应的：“你未看此花时，此花与汝同归于寂，你来看此花时，则此花颜色一时明白起来。”这句王阳明的名言，翻译一下意思是，不怕你猛烈批评，就怕你没有反馈。这句话很“有态度”地欢迎大家表个“态度”。

二、尊重传播规律是根本武器

我们也要看到，微博一度掀起“围观”力量，但是“好奇心”这个卖点最终害死猫，其热搜榜、问答功能的清一色娱乐新闻引起网友不满；A站、B站本来走差异化路子圈到一群年龄偏低的用户，却因言值偏低、版权问题等遭到同行的怒怼。

行业自身反思也不断。江南春在最近一次演讲中指出：“我很怕对数据（流量）的争夺导致对整个商业核心价值的遗忘。”拼多多创始人黄峥认为：“不能把活生生的人，看成是流量，要回归到服务本质。”不少人直截了当呼吁不要欺骗用户。可见，在学习商业App时，应该辨别真伪，有所取舍。

我们学习超级App，不仅要学其精髓、积极作为，也要吸取教训“有所不为”。其中特别重要的一点，就是必须牢牢依靠媒体所长，不断增强议题设置能力。

舆论传播的场景入口是什么？是新闻议题。腾讯企鹅智库年初发布的《2019—2020中国互联网趋势报告》（见下图）中明确显

代表群体	获取渠道	内容偏好	阅读习惯
低学历网民	腾讯新闻、内涵段子	社会、娱乐、生活、健康	图片、视频直播
三四五线小镇青年	今日头条、央视影音	周边生活相关新闻	视频
00 后网民	各类新闻 App、网络社区	社会、娱乐、科技	视频、音频
中老年网民	腾讯新闻、趣头条、电视、报纸杂志、收音机	新闻	视频、音频
80后、90 后女性	微信公众号、新闻网站、论坛、书籍	专业、准确的信息	文字、视频、音频
白纸型网民	趣头条	看新闻赚福利	视频、图片

数据来源：腾讯企鹅智库《2019—2020 中国互联网趋势报告》

不同群体获取新闻信息的特征对比

示，无论男女老幼还是不同地方的群体，都仍然对新闻信息有着比较刚性的需求。这些被广大老百姓关注的新闻信息基本包括：实时新闻、主流观点、权威发布、政策解读、应急信息、经验故事等等。如果说主流舆论阵地是入口，是战场，那么新闻信息就是武器库。后者好比磁场中的导体、电流中的电荷，是新闻舆论引导的根本源泉、重要载体、价值所在。

现在，我们需要开创全新的思路和蓝图以充实“武器库”，通过供给侧结构性改革，促进观念和手段、内容和形式深度融合，新闻要素和技术要素高度集成。这里的核心还是对内容的理解和在此基础上的创意，注重主观数据的“活”与客观数据的“硬”的统一、解剖麻雀的“小”与全面摸查的“广”的统一、具体样本的“真”与理论抽象的“深”的统一、主流价值的“神”与呈现方式的“形”的统一、时效的“快”和实效的“准”的统一，形成高质量的原创首发精品。比如，《人民日报》十九大期间推出的快闪H5动画《燃爆！史上最牛团队这样创业》，讲述的其实还是中国共产党历史，却没有采用教条式的灌输方式。一句老话，拿作品说话：

1. 做到一个“亲”字。适应分众化、场景化、个性化的传播趋势，紧跟核心受众，精准聚焦需求，重塑特色定位，做好“种子用户”的沉淀、拓展、延伸。坚持个性化、对象化、定制化，处理好精准匹配和全面覆盖、服务需求与凝聚共识的辩证统一，更加强调新闻产品的针对性、精准性和服务性。

2. 坚持一个“真”字。挖掘好故事，做到脚下有土、心中有数，新闻现场在哪里记者就站在哪里，点赞好评在哪里记者就赶去哪里，热点难点在哪里记者就蹲守到哪里。充分利用大数据和云计算技术，做到量化分析、精准分析、科学分析，增强说服力。对于谎言和谬误，敢于交锋说真话，迅速地、生动地、鲜明地、尖锐地、毫不吞吞吐吐地表明态度。当前，全国新闻宣传队伍正在开展增强“四力”教育实践，就是很有针对性。

3. 提高一个“快”字。天下武功，唯快不破。快，体现要素集成的水平。快，也体现需求响应的速度。快，更是可以促使主流媒体充分运用“实践—认识”螺旋上升的规律，促进自身加快发展更新周期。

4. 呈现一个“活”字。借鉴社交媒体的互动性，把“看”和“评”结合起来，把“自己讲”和“别人讲”、党“想说的”和群众“想听的”紧密结合，深入浅出，立象尽言。

5. 实现一个“效”字。新闻内容必须完成生产、制作、发布、抵达、反馈的闭环，拿结果说话。辩证看待议题及其成果。一方面避免急功近利的浮躁心态，不要为取悦受众而失向、为吸引眼球而失真、为刻意迎合而失态，一方面学习互联网的灵敏嗅觉，见事要早，态度要明，概念要靓，首发定调，引导热点，出实招见实效。

三、传统媒体走向新兴媒体是一次版本迭代

展望未来，全媒体发展方兴未艾，出现了全程媒体、全息媒体、全员媒体、全效媒体，信息无处不在、无所不及、无人不用的局面，导致舆论生态、媒体格局、传播方式发生深刻变化。一批主流新兴媒体在传统媒体的体内应运而生。

那么，发展新兴媒体是不是就是要取代传统媒体？肯定不是。本书认为，从传统媒体到新兴媒体的演进，并不是新兴媒体取代传

统媒体，而更像是迭代关系，是主流媒体高质量发展中的一次大版本迭代。

至于传统媒体、新兴媒体、社交媒体之间关系的处理，最优的方案是，此长彼长，优势互补，切磋互鉴，共同形成新时代融合传播矩阵。